CAKE POPS

Moewig
Ein Verlag der Edel Germany GmbH

Titel der Originalausgabe: Cake Pop Party

Diese Ausgabe erscheint bei der Edel Germany GmbH als Lizenzausgabe

Project Director Anne McRae
Art Director Marco Nardi
Text Gina Tanti
Editing Tamara Beste, Anne McRae
Photography Brent Parker Jones
Food Styling Mark Hockenhull
Cupcake Designs Khristina Mulyono, Emma Mackay
Hand Model Hollie Tanti (for the step shots)
Layouts Aurora Granata

Neumühlen 17, 22763 Hamburg
www.edel.com
1. Auflage 2014

Übersetzung: Lisa Voges, Köln
Projektkoordination der deutschen Ausgabe: Constanze Goelz
Redaktion und Satz der deutschen Ausgabe: trans texas publishing services GmbH, Köln

Coverdesign: Véronique Laporte
Coveradaption: Groothuis, Gesellschaft der Ideen und Passionen mbH
www.groothuis.de

Printed in China

ISBN 978-3-86803-557-5

Gina Tanti

CAKE POPS

MOEWIG

TIPPS & TRICKS

Cake Pops – das sind köstliche, kleine Teigkugeln auf Lollistielen, die elegant oder lustig mit Zuckerperlen und anderen Dekors aus Fondant oder Zuckerschrift verziert sind. Den eigenen Zuckerbäckerfähigkeiten und der Fantasie sind beim Dekorieren von Cake Pops keine Grenzen gesetzt!

In diesem Buch präsentieren wir Ihnen 58 tolle Rezepte für hübsche, lustige Cake Pops mit ausführlichen Schritt-für-Schritt-Anleitungen sowie ganzseitigen Fotos der fertigen Cake Pops. Ein Fest für die Augen!

Bei der Herstellung von Cake Pops gibt es zwei Grundtechniken: Entweder wird der Teig in eine spezielle Cake-Pop-Backform gegeben und zu kleinen Kugeln gebacken (siehe S. 8–9), oder es wird ein ganz normaler Kuchen gebacken, der anschließend zerkrümelt und mit Buttercreme vermischt zu einer knetbaren Masse gebunden wird, aus der sich Cake Pops in unterschiedlichen Formen backen lassen (siehe S. 10–11). In beiden Fällen wird ein Schokoladen- oder Fondantüberzug vorbereitet, in den die Cake Pops eingehüllt werden.

AUSSTATTUNG

FORMEN: Um Cake Pops herzustellen, benötigt man keine speziellen Utensilien. Eine Cake-Pop-Backform kann sehr hilfreich sein, insbesondere für Anfänger. Am einfachsten ist jedoch die Zubereitung in einem Cake-Pop-Maker, der ähnlich wie ein Waffeleisen gehandhabt wird. Sowohl Backform als auch Maker sind mittlerweile in allen Küchenfachgeschäften und in Haushaltswarenabteilungen von Kaufhäusern erhältlich. Im Internet finden Sie zudem zahlreiche Onlineanbieter.

LOLLISTIELE: Dort, wo Sie Cake-Pop-Backformen finden, finden Sie auch weiße Lollistiele. Wählen Sie möglichst Stiele mit 15 cm Länge, damit das Verhältnis zum Cake Pop stimmt und die Kuchenlollis am besten zur Geltung kommen. Wenn Sie keine Lollistiele zur Hand haben, können viele Cake Pops s diesem Buch nach dem Verzieren einfach ohne Stiel als enbällchen auf einer Tortenplatte präsentiert werden.

OPORBLOCK: Neue Elektrogeräte werden übli- e durch Styroporteile vor Erschütterungen ge- ewahren Sie einige mindestens 5 cm dicke die Herstellung von Cake Pops auf. Wei- tionen dazu finden Sie auf Seite 12.

In unseren Rezepten wird Schokolade, die leicht eingefärbt werden kann, zum Überziehen verwendet. Bei Onlineanbietern sind auch sogenannte Candy Melts, bunte Schmelzdrops für Cake Pops, erhältlich.

PFLANZENÖL: Verwenden Sie ein helles, geschmacksneutrales Öl, wie Raps- oder Distelöl.

LEBENSMITTELFARBE: Verwenden Sie ausschließlich Lebensmittelfarben auf Ölbasis, die sich leicht in die geschmolzene Schokolade einarbeiten lassen. Mit Farben auf Wasserbasis wird die Schokolade klumpig.

ZUCKER- UND SCHOKOLADENSCHRIFTEN: Sind einzeln in Tuben oder als Farbsets in gut sortierten Fachgeschäften und online erhältlich.

ZUCKERDEKOR: In den Backabteilungen von Supermärkten gibt es ein großes Angebot an Zuckerperlen, Streudekor usw. Und im Internet finden Sie alles.

8

Schokoladenteig

150 g Weizenmehl • 1½ TL Backpulver • 50 g Kakaopulver • 100 g Zucker • 90 g Butter • einige Tropfen Vanillearoma • 3 große Eier • 60 ml Wasser • 60 g dunkle Schokolade

ERGIBT 20 CAKE POPS • **ZUBEREITUNGSZEIT** 40 MINUTEN + 25 MINUTEN RUHEZEIT • **BACKZEIT** 18–20 MINUTEN

CAKE POPS IN DER FORM GEBACKEN

1. Die Backform vorbereiten. Dafür die Vertiefungen der unteren Backformhälfte mit Backtrennspray einsprühen. Die obere Hälfte von beiden Seiten einsprühen, weil durch die Löcher beim Backen Teig austritt.

2. Bis auf die Schokolade alle Teigzutaten in eine Schüssel geben und mit einem Handmixer oder von Hand etwa 5 Minuten sehr glatt und cremig rühren.

3. Den Teig zu je drei Vierteln in die Vertiefungen der unteren Backformhälfte füllen. Den Backofen auf 180 °C vorheizen.

4. Die obere Hälfte der Form (mit den Löchern) daraufsetzen und mit den Clips befestigen. 18–20 Minuten im vorgeheizten Ofen backen. Die Teigkugeln 5 Minuten in der Form abkühlen lassen.

Vanilleteig

200 g Weizenmehl • 2 TL Backpulver • 100 g Zucker • 90 g Butter • einige Tropfen Vanillearoma • 3 große Eier • 60 ml Wasser • 60 g weiße Schokolade

ERGIBT 20 CAKE POPS • **ZUBEREITUNGSZEIT** 40 MINUTEN + 25 MINUTEN RUHEZEIT • **BACKZEIT** 18–20 MINUTEN

Die Schritt-für-Schritt-Abbildungen auf dieser Doppelseite zeigen die Zubereitung und Verarbeitung von Schokoladenteig. Der Vanilleteig aus den oben genannten Zutaten wird auf exakt dieselbe Weise zubereitet und verarbeitet.

5

6

7

8

5. Teig, der durch die Löcher ausgetreten und auf der Form festgebacken ist, ablösen.

6. Die Cake Pops aus der Form lösen und 10 Minuten auf einem Kuchengitter abkühlen lassen.

7. Die Schokolade über einem Wasserbad oder in der Mikrowelle schmelzen.

8. Die Lollistiele an einem Ende in die Schokolade tauchen, in die Teigkugeln stecken und 10 Minuten im Kühlschrank fest werden lassen. Dadurch halten die Stiele im Teig.

CAKE POPS MIT DER KRÜMELMETHODE

ERGIBT 50 CAKE POPS • **ZUBEREITUNGSZEIT** 1 STUNDE + 50 MINUTEN RUHEZEIT • **BACKZEIT** 50–60 MINUTEN

Vanilleteig

300 g Weizenmehl • 3 TL Backpulver • ¼ TL Salz • 120 g weiche Butter • 130 g feiner Zucker • einige Tropfen Vanillearoma • 2 große Eier • 120 ml Milch • 60 g weiße Schokolade

Vanille-Buttercreme

450 g Puderzucker • 180 g weiche Butter • einige Tropfen Vanillearoma • 3 EL zimmerwarme Milch

1

2

3

4

1. Den Backofen auf 170 °C vorheizen. Eine Springform (20 cm Durchmesser) einfetten und mit Backpapier auskleiden.

2. Mehl, Backpulver und Salz in eine Schüssel sieben. Butter, Zucker und Vanillearoma in einer zweiten Schüssel mit einem Handmixer oder von Hand hellgelb und cremig rühren. Die Eier einzeln einarbeiten. Nach und nach abwechselnd Mehlmischung und Milch unterrühren.

3. Den Teig in die vorbereitete Form füllen und 50–60 Minuten im vorgeheizten Ofen backen. Den Kuchen 10 Minuten in der Form abkühlen lassen.

4. Den Kuchen aus der Form lösen und auf einem Kuchengitter vollständig erkalten lassen. Für die Buttercreme alle Zutaten in eine Schüssel geben und glatt und cremig rühren.

Schokoladenteig

300 g Weizenmehl • 3 TL Backpulver • 30 g Kakaopulver • ¼ TL Salz • 120 g weiche Butter • 130 g feiner Zucker • einige Tropfen Vanillearoma • 2 große Eier • 120 ml Milch • 60 g dunkle Schokolade

Schokoladen-Buttercreme

450 g Puderzucker • 180 g weiche Butter • 30 g Kakaopulver • einige Tropfen Vanillearoma • 3 EL zimmerwarme Milch

ERGIBT 50 CAKE POPS • **ZUBEREITUNGSZEIT** 1 STUNDE + 50 MINUTEN RUHEZEIT • **BACKZEIT** 50–60 MINUTEN

Die Schritt-für-Schritt-Abbildungen auf dieser Doppelseite zeigen die Zubereitung und Verarbeitung von Vanilleteig. Der Schokoladenteig aus den oben genannten Zutaten wird auf exakt dieselbe Weise zubereitet und verarbeitet. Anstelle von Buttercreme (oder zusammen mit ihr) können die Teigkrümel auch mit Nussnugatcreme, Erdnusscreme, Schoko-Drops usw. gebunden werden.

5

5. Den Kuchen in eine Schüssel krümeln. So viel Buttercreme einarbeiten, dass die Krümel binden und eine feste, formbare Masse entsteht.

6

6. Die Masse von Hand zu kleinen Kugeln formen und auf ein mit Backpapier belegtes Blech setzen. (Nach Belieben können die Kugeln dann weiter zu anderen Formen modelliert werden.) Die Kugeln auf dem Blech 30 Minuten im Kühlschrank fest werden lassen.

7

7. Die weiße Schokolade über einem Wasserbad oder in der Mikrowelle schmelzen.

8

8. Die Lollistiele an einem Ende in die Schokolade tauchen, in die Teigkugeln stecken und 10 Minuten im Kühlschrank fest werden lassen. Dadurch halten die Stiele im Teig.

Wenn die Lollistiele fest in den Teigkugeln sitzen, können die Cake Pops auf Hunderte Arten dekoriert werden, und die Vorschläge in diesem Buch vermitteln nur einen kleinen Eindruck der unzähligen Gestaltungsmöglichkeiten. Wenn Sie eine Handvoll Grundtechniken beherrschen, sind der eigenen Fantasie keine Grenzen gesetzt. Kreieren sie also Ihre eigenen Cake Pops oder lassen Sie sich von den Vorschlägen in diesem Buch anregen.

CAKE POPS VERZIEREN

1

2

1. Die im Rezept angegebene Schokoladenmenge über einem Wasserbad oder in der Mikrowelle schmelzen, Pflanzenöl und Lebensmittelfarbe, falls verwendet, einarbeiten.

2. Die Cake Pops einzeln in die Schokolade tauchen, darin wenden und kurz abtropfen lassen. Mit ausreichend Abstand in den Styroporblock stecken, sodass die Cake Pops sich nicht berühren.

Viele Dekorationen wie Kokosraspel (oben), bunter Streudekor (z. B. Liebesperlen), Glitzerzucker oder Zuckerperlen werden auf die Cake Pops gestreut, bevor die Schokolade fest wird.

Bevor Sie mit der Weiterverarbeitung der Teigkugeln beginnen, sollten Sie einen mindestens 30 cm x 45 cm großen Styroporblock zurechtschneiden, um die Cake Pops zum Aushärten und Trocknen hineinstecken zu können. So bleiben die Cake Pops gerade stehen und können bequem weiterverziert werden. Die Lollistiele sollten in einem Mindestabstand von 5 cm in das Styropor gesteckt werden.

3. Einige Dekorationen wie Schokolinsen oder Zuckerblüten können vorsichtig in die Schokolade gedrückt werden, bevor sie fest wird. Den Cake Pop dabei über der Schüssel halten, um abtropfende Schokolade aufzufangen.

4. Die abgetropften und dekorierten Cake Pops zum Aushärten in das Styropor stecken.

5. Die Verzierung mit Zucker- oder Schokoladenschrift erfolgt erst, wenn der Schokoladenüberzug ausgehärtet und trocken ist. Nun können Augen, Nase, Mund oder andere Elemente problemlos aufgemalt werden.

CAKE POPS 1 Portion Schokoladen- oder Vanilleteig (in der Form gebacken; siehe S. 8–9) • 60 g weiße Schokolade

DEKORATION 250 g weiße Schokolade • 1 EL Pflanzenöl • grüne Lebensmittelfarbe auf Ölbasis • 1 Packung kleine Partykerzen • 1 Tube weiße Schokoladenschrift

ERGIBT 20 CAKE POPS • **ZUBEREITUNGSZEIT** 1 STUNDE + RUHEZEIT • **BACKZEIT** 18–20 MINUTEN

HAPPY BIRTHDAY!

CAKE POPS 1. Die Cake Pops wie auf Seite 8–9 beschrieben zubereiten.

2. Die weiße Schokolade über einem Wasserbad oder in der Mikrowelle schmelzen. Die Lollistiele an einem Ende in die Schokolade tauchen, in die Teigkugeln stecken und austretende Schokolade abwischen. Etwa 10 Minuten im Kühlschrank fest werden lassen.

DEKORATION 3. Die Schokolade über einem Wasserbad oder in der Mikrowelle schmelzen. Pflanzenöl und so viel Farbe unterrühren, bis die Masse kräftig grün ist.

4. Einen Styroporblock zum Trocknen der Cake Pops vorbereiten (siehe S. 12).

5. Die Cake Pops einzeln in die Schokolade tauchen und vollständig damit überziehen. Die Schokolade abtropfen lassen und die Cake Pops in den Styroporblock stecken. Vollständig aushärten und trocknen lassen.

6. Mit der Schokoladenschrift Spirallinien auf die Cake Pops malen. Je eine Kerze oben in die Cake Pops stecken.

7. Die Cake Pops wieder in den Styroporblock stecken und die Schokoladenschrift trocknen lassen.

★ DIE GRÜNE LEBENSMITTELFARBE KANN SELBSTVERSTÄNDLICH DURCH JEDE ANDERE FARBE, DIE ZUM THEMA DER PARTY PASST, ERSETZT WERDEN.

WENN SIE DIESE CAKE POPS MÖGEN, VERSUCHEN SIE AUCH DIE CAKE POPS GLITZERKUGELN AUF SEITE 108.

CAKE POPS 1 Portion Schokoladen- oder Vanilleteig (in der Form gebacken; siehe S. 8–9) • 60 g weiße Schokolade

DEKORATION 250 g weiße Schokolade • 1 EL Pflanzenöl • rote Lebensmittelfarbe auf Ölbasis • 100 g Kokosraspel

ERGIBT 20 CAKE POPS • **ZUBEREITUNGSZEIT** 45 MINUTEN + RUHEZEIT • **BACKZEIT** 18–20 MINUTEN

SCHNEEFLÖCKCHEN, WEISSRÖCKCHEN

CAKE POPS 1. Die Cake Pops wie auf Seite 8–9 beschrieben zubereiten.

2. Die weiße Schokolade über einem Wasserbad oder in der Mikrowelle schmelzen. Die Lollistiele an einem Ende in die Schokolade tauchen, in die Teigkugeln stecken und austretende Schokolade abwischen. Etwa 10 Minuten im Kühlschrank fest werden lassen.

DEKORATION 3. Die weiße Schokolade über einem Wasserbad oder in der Mikrowelle schmelzen. Pflanzenöl und so viel Lebensmittelfarbe unterrühren, bis die Masse kräftig rot ist.

4. Die Kokosraspel auf einem Teller verteilen.

5. Einen Styroporblock zum Trocknen der Cake Pops vorbereiten (siehe S. 12).

6. Die Cake Pops einzeln in die Schokolade tauchen und vollständig damit überziehen. Die Schokolade abtropfen lassen und die Cake Pops in den Styroporblock stecken.

7. Bevor die Schokolade fest wird, die Cake Pops rasch in den Kokosraspeln wenden, bis sie gleichmäßig damit eingehüllt sind.

8. Die Cake Pops wieder in den Styroporblock stecken. Vollständig aushärten und trocknen lassen.

WENN SIE DIESE CAKE POPS MÖGEN, VERSUCHEN SIE AUCH DIE CAKE POPS SCHNEEMÄNNER AUF SEITE 28.

CAKE POPS 1 Portion Schokoladen- oder Vanilleteig (in der Form gebacken; siehe S. 8–9) • 60 g weiße Schokolade

DEKORATION 250 g weiße Schokolade • 1 EL Pflanzenöl • je 1 Tube rote und schwarze Zuckerschrift • blaue, grüne und braune Schokolinsen

ERGIBT 20 CAKE POPS • **ZUBEREITUNGSZEIT** 1 STUNDE + RUHEZEIT • **BACKZEIT** 18–20 MINUTEN

ZYKLOPEN

CAKE POPS **1.** Die Cake Pops wie auf Seite 8–9 beschrieben zubereiten.

2. Die weiße Schokolade über einem Wasserbad oder in der Mikrowelle schmelzen. Die Lollistiele an einem Ende in die Schokolade tauchen, in die Teigkugeln stecken und austretende Schokolade abwischen. Etwa 10 Minuten im Kühlschrank fest werden lassen.

DEKORATION **3.** Die weiße Schokolade über einem Wasserbad oder in der Mikrowelle schmelzen. Das Pflanzenöl unterrühren.

4. Einen Styroporblock zum Trocknen der Cake Pops vorbereiten (siehe S. 12).

5. Die Cake Pops einzeln in die Schokolade tauchen und vollständig damit überziehen. Die Schokolade abtropfen lassen und die Cake Pops in den Styroporblock stecken.

6. Bevor die Schokolade fest wird, je eine Schokolinse vorsichtig in die Mitte der Cake Pops drücken. Vollständig aushärten und trocknen lassen.

7. Mit schwarzer Zuckerschrift eine Pupille in die Mitte jeder Schokolinse aufmalen. Mit roter Zuckerschrift vom Auge ausgehende Äderchen aufmalen.

8. Die Cake Pops wieder in den Styroporblock stecken und die Zuckerschrift trocknen lassen.

• **WENN SIE DIESE CAKE POPS MÖGEN, VERSUCHEN SIE AUCH DIE CAKE POPS MONSTERPARADE AUF SEITE 78.**

OSTEREIER

ERGIBT 50 CAKE POPS • **ZUBEREITUNGSZEIT** 1½ STUNDEN + RUHEZEIT • **BACKZEIT** 50–60 MINUTEN

CAKE POPS 1 Portion Vanilleteig mit Vanille-Buttercreme (Krümelmethode; siehe S. 10–11) • 90 g weiße Schokolade

DEKORATION 500 g weiße Schokolade • 2 EL Pflanzenöl • je 1 Tube rote, gelbe, grüne und blaue Zuckerschrift • Silberperlen

CAKE POPS **1.** Den Vanilleteig wie auf Seite 10–11 beschrieben zerkrümeln und mit der Buttercreme binden. Die Masse zu kleinen, eiförmigen Ovalen formen. Im Kühlschrank 30 Minuten fest werden lassen.

2. Die weiße Schokolade über einem Wasserbad oder in der Mikrowelle schmelzen. Die Lollistiele an einem Ende in die Schokolade tauchen, in die Teigkugeln stecken und austretende Schokolade abwischen. Etwa 10 Minuten im Kühlschrank fest werden lassen.

DEKORATION **3.** Die weiße Schokolade über einem Wasserbad oder in der Mikrowelle schmelzen. Das Pflanzenöl unterrühren.

4. Einen Styroporblock zum Trocknen der Cake Pops vorbereiten (siehe S. 12).

5. Die Cake Pops einzeln in die Schokolade tauchen und vollständig damit überziehen. Die Schokolade abtropfen lassen und die Cake Pops in den Styroporblock stecken. Vollständig aushärten und trocknen lassen.

6. Mit den Zuckerschriften dekorative Linien und Punkte auf die Cake Pops aufmalen. Einige Pops zusätzlich mit Silberperlen verzieren.

7. Die Cake Pops wieder in den Styroporblock stecken und die Zuckerschrift trocknen lassen.

WENN SIE DIESE CAKE POPS MÖGEN, VERSUCHEN SIE AUCH DIE CAKE POPS OSTERHÄSCHEN AUF SEITE 102.

ERGIBT 20 CAKE POPS

HALLOW…

…ke Pops wie auf
…eiten.
… einem
…mel-
…die
…und aus-
…en im

5. Die Cake …
tauchen und ve…
Schokolade abtrop…
Pops in den Styroporbl…

6. Bevor die Schokolade fest…
Pops im Glitzerzucker wenden, bis s…
mäßig damit überzogen sind. Oben je eine …
Bean hineinstecken. Die Cake Pops wieder in den
Styroporblock stecken. Vollständig aushärten
und trocknen lassen.

7. Mit schwarzer Zuckerschrift Augen, Mund
…aufmalen.
… wieder in den Styroporblock
…schrift trocknen lassen.

…AUCH DIE CAKE POPS GEISTERSTUNDE AUF SEITE 8…

CAKE POPS 1 Portion Vanilleteig (in der Form gebacken; siehe S. 8–9) • 60 g weiße Schokolade
DEKORATION 250 g weiße Schokolade • 1 EL Pflanzenöl • rosa Lebensmittelfarbe auf Ölbasis • je 1 Tube rosa und weiße Zuckerschrift

ERGIBT 20 CAKE POPS • **ZUBEREITUNGSZEIT** 45 MINUTEN + RUHEZEIT • **BACKZEIT** 18–20 MINUTEN

ES IST EIN MÄDCHEN!

CAKE POPS **1.** Die Cake Pops wie auf Seite 8–9 beschrieben zubereiten.

2. Die weiße Schokolade über einem Wasserbad oder in der Mikrowelle schmelzen. Die Lolistiele an einem Ende in die Schokolade tauchen, in die Teigkugeln stecken und austretende Schokolade abwischen. Etwa 10 Minuten im Kühlschrank fest werden lassen.

DEKORATION **3.** Die weiße Schokolade über einem Wasserbad oder in der Mikrowelle schmelzen. Das Pflanzenöl unterrühren. Die Hälfte der Schokolade in eine zweite Schale füllen und so viel Lebensmittelfarbe unterrühren, bis die Masse zartrosa ist.

4. Einen Styroporblock zum Trocknen der Cake Pops vorbereiten (siehe S. 12).

5. Je die Hälfte der Cake Pops einzeln in die rosa bzw. in die weiße Schokolade tauchen und vollständig damit überziehen. Die Schokolade abtropfen lassen und die Cake Pops in den Styroporblock stecken. Vollständig aushärten und trocknen lassen.

6. Mit rosa Zuckerschrift auf den weißen Cake Pops Zickzacklinien aufmalen und mit weißer Zuckerschrift auf den rosa Cake Pops.

7. Die Cake Pops wieder in den Styroporblock stecken und die Zuckerschrift trocknen lassen.

WENN SIE DIESE CAKE POPS MÖGEN, VERSUCHEN SIE AUCH DIE CAKE POPS ES IST EIN JUNGE! AUF SEITE 114.

RUDOLF, DAS RENTIER

CAKE POPS 1 Portion Schokoladen- oder Vanilleteig (in der Form gebacken; siehe S. 8–9) • 60 g dunkle Schokolade

DEKORATION 20 rote Schokolinsen • 1 Packung weiße Mini-Schokoladentropfen • 1 Packung Salzbrezeln • 250 g dunkle Schokolade • 1 EL Pflanzenöl • 1 Tube schwarze Zuckerschrift

ERGIBT 20 CAKE POPS • **ZUBEREITUNGSZEIT** 45 MINUTEN + RUHEZEIT • **BACKZEIT** 18–20 MINUTEN

CAKE POPS 1. Die Cake Pops wie auf Seite 8–9 beschrieben zubereiten.

2. Die dunkle Schokolade über einem Wasserbad oder in der Mikrowelle schmelzen. Die Lollistiele an einem Ende in die Schokolade tauchen, in die Teigkugeln stecken und austretende Schokolade abwischen. Etwa 10 Minuten im Kühlschrank fest werden lassen.

DEKORATION 3. Die Schokolinsen und die weißen Schokotröpfchen in Schalen geben. Die Brezeln in der Mitte durchbrechen und auf einen Teller legen.

4. Die dunkle Schokolade über einem Wasserbad oder in der Mikrowelle schmelzen. Das Pflanzenöl unterrühren.

5. Einen Styroporblock zum Trocknen der Cake Pops vorbereiten (siehe S. 12).

6. Die Cake Pops einzeln in die Schokolade tauchen und vollständig damit überziehen. Die Schokolade abtropfen lassen und die Cake Pops in den Styroporblock stecken.

7. Bevor die Schokolade fest wird, je eine Schokolinse als Nase in die Mitte der Cake Pops und zwei weiße Schokotröpfchen als Augen vorsichtig hineindrücken. Seitlich davon zwei Brezelhälften als Geweih in die Pops stecken. Mit schwarzer Zuckerschrift Pupillen aufmalen.

8. Die Cake Pops wieder in den Styroporblock stecken und die Zuckerschrift trocknen lassen.

WENN SIE DIESE CAKE POPS MÖGEN, VERSUCHEN SIE AUCH DIE CAKE POPS WEIHNACHTSZEIT AUF SEITE 74.

CAKE POPS 1 Portion Vanilleteig … Vanille-Buttercreme (Krümelmethode; siehe S. … 90 g weiße Schokolade

DEKORATION etwa 50 Stück Lakritzkonfekt • 500 g weiße Schokolade • 2 E… 1 Packung bunte Schokolinsen oder kleine, runde Schokoplättchen • 1 Tube du… Schokoladenschrift • 1 Packung rote Weingummischnüre

ERGIBT 50 CAKE POPS • **ZUBEREITUNGSZEIT** 1½ STUNDEN + RUHEZEIT • **BACKZEIT** 50–60 MINUTEN

SCHNEEMÄNNER

CAKE POPS 1. Den Vanilleteig wie auf Seite 10–11 beschrieben zerkrümeln und mit der Buttercreme binden. Die Masse zu größeren Kugeln für die Schneemannkörper und kleineren für die Köpfe formen und diese auf den Körper setzen. 30 Minuten im Kühlschrank fest werden lassen.

2. Die Schokolade über einem Wasserbad oder in der Mikrowelle schmelzen. Die Lollistiele an einem Ende in die Schokolade tauchen, in die Teigkugeln stecken und austretende Schokolade abwischen. 10 Minuten im Kühlschrank fest werden lassen.

DEKORATION 3. Mit einem scharfen Messer das Lakritzkonfekt zu Hüten schneiden, die etwas größer als die Schneemannköpfe sind. In eine Schale geben.

4. Die weiße Schokolade über einem Wasserbad oder in der Mikrowelle schmelzen und das Pflanzenöl unterrühren.

5. Einen Styroporblock zum Trocknen der Cake Pops vorbereiten (siehe S. 12).

6. Die Cake Pops einzeln in die Schokolade tauchen und vollständig damit überziehen. Die Schokolade abtropfen lassen und die Cake Pops in den Styroporblock stecken.

7. Bevor die Schokolade fest wird, rasch die Lakritzwürfel auf die Schneemannköpfe setzen. Die Schokolinsen als Knöpfe auf den Bauch drücken. Die Cake Pops wieder in den Styroporblock stecken und vollständig aushärten und trocknen lassen.

8. Mit schwarzer Zuckerschrift Augen aufmalen. Die Weingummischnüre kürzen und als Schal um den Schneemann binden.

WENN SIE DIESE CAKE POPS MÖGEN, VERSUCHEN SIE AUCH DIE CAKE POPS SCHNEEFLÖCKCHEN, WEISSRÖCKCH…

CAKE POPS 1 Portion Schokoladen- oder Vanilleteig (in der Form gebacken; siehe S. 8–9) • 60 g weiße Schokolade

DEKORATION 1 Packung buntes Streudekor in Sternform • 250 g weiße Schokolade • 1 EL Pflanzenöl • grüne Lebensmittelfarbe auf Ölbasis

ERGIBT 20 CAKE POPS • **ZUBEREITUNGSZEIT** 45 MINUTEN + RUHEZEIT • **BACKZEIT** 18–20 MINUTEN

STERNTALER

CAKE POPS 1. Die Cake Pops wie auf Seite 8–9 beschrieben zubereiten.

2. Die Schokolade über einem Wasserbad oder in der Mikrowelle schmelzen. Die Lollistiele an einem Ende in die Schokolade tauchen, in die Teigkugeln stecken und austretende Schokolade abwischen. 10 Minuten im Kühlschrank fest werden lassen.

DEKORATION 3. Die Sternchen auf einem flachen Teller verteilen.

4. Die weiße Schokolade über einem Wasserbad oder in der Mikrowelle schmelzen. Pflanzenöl und so viel Lebensmittelfarbe unterrühren, bis die Masse kräftig grün ist.

5. Einen Styroporblock zum Trocknen der Cake Pops vorbereiten (siehe S. 12).

6. Die Cake Pops einzeln in die Schokolade tauchen und vollständig damit überziehen. Die Schokolade abtropfen lassen und die Cake Pops in den Styroporblock stecken.

7. Bevor die Schokolade fest wird, rasch die Sternchen in beliebiger Anordnung vorsichtig hineindrücken.

8. Die Cake Pops wieder in den Styroporblock stecken. Vollständig aushärten und trocknen lassen.

✶ *DIESE STERNCHEN-POPS SIND EINE TOLLE BELOHNUNG FÜR DIE TEILNEHMER AN EINEM WETTBEWERB ODER SPIEL.*

WENN SIE DIESE CAKE POPS MÖGEN, VERSUCHEN SIE AUCH DIE CAKE POPS BASKETBÄLLE AUF SEITE 76.

VALENTINSTAG

CAKE POPS 1 Portion Schokoladenteig mit Schokoladen-Buttercreme (Krümelmethode; siehe S. 10–11) • 90 g dunkle Schokolade

DEKORATION 500 g weiße Schokolade • 2 EL Pflanzenöl • rote Lebensmittelfarbe auf Ölbasis • je 1 Tube weiße und dunkle Schokoladenschrift

ERGIBT 50 CAKE POPS • **ZUBEREITUNGSZEIT** 1½ STUNDEN + RUHEZEIT • **BACKZEIT** 50–60 MINUTEN

CAKE POPS 1. Den Schokoladenteig wie auf Seite 10–11 beschrieben zerkrümeln und mit der Buttercreme binden. Die Masse zu kleinen Kugeln formen und 30 Minuten im Kühlschrank fest werden lassen.

2. Die dunkle Schokolade über einem Wasserbad oder in der Mikrowelle schmelzen. Die Lollistiele an einem Ende in die Schokolade tauchen, in die Teigkugeln stecken und austretende Schokolade abwischen. Etwa 10 Minuten im Kühlschrank fest werden lassen.

DEKORATION 3. Die weiße Schokolade über einem Wasserbad oder in der Mikrowelle schmelzen. Pflanzenöl und so viel Lebensmittelfarbe unterrühren, bis die Masse kräftig rot ist.

4. Einen Styroporblock zum Trocknen der Cake Pops vorbereiten (siehe S. 12).

5. Die Cake Pops einzeln in die Schokolade tauchen und vollständig damit überziehen. Die Schokolade abtropfen lassen und die Cake Pops in den Styroporblock stecken. Vollständig aushärten und trocknen lassen.

6. Mit der weißen Schokoladenschrift Herzen und mit der dunklen Schokoladenschrift Pfeile auf die Herzen malen.

7. Die Cake Pops wieder in den Styroporblock stecken und die Schokoladenschrift trocknen lassen.

• **WENN SIE DIESE CAKE POPS MÖGEN, VERSUCHEN SIE AUCH DIE CAKE POPS HOCHZEIT AUF SEITE 38.**

CAKE POPS 1 Portion Schokoladen- oder Vanilleteig (in der Form gebacken; siehe S. 8–9) • 60 g weiße Schokolade

DEKORATION 250 g weiße Schokolade • 1 EL Pflanzenöl

90 g Milchschokolade • 1 Packung Papierbackförmchen für Minimuffins oder Pralinenkapseln • 1 Packung bunte Schokolinsen • 1 Packung weiße Mini-Schokoladentropfen • 1 Tube schwarze Zuckerschrift

ERGIBT 20 CAKE POPS • **ZUBEREITUNGSZEIT** 1 STUNDE + RUHEZEIT • **BACKZEIT** 18–20 MINUTEN

SÜSSER FRATZ

CAKE POPS **1.** Die Cake Pops wie auf Seite 8–9 beschrieben zubereiten.

2. Die weiße Schokolade über einem Wasserbad oder in der Mikrowelle schmelzen. Die Lollistiele an einem Ende in die Schokolade tauchen, in die Teigkugeln stecken und austretende Schokolade abwischen. Etwa 10 Minuten im Kühlschrank fest werden lassen.

DEKORATION **3.** Die weiße Schokolade über einem Wasserbad oder in der Mikrowelle schmelzen. Das Pflanzenöl unterrühren.

4. Einen Styroporblock zum Trocknen der Cake Pops vorbereiten (siehe S. 12).

5. Die Cake Pops einzeln in die Schokolade tauchen und vollständig damit überziehen. Die Schokolade abtropfen lassen und die Cake Pops in den Styroporblock stecken. Vollständig aushärten und trocknen lassen.

6. Die Milchschokolade über einem Wasserbad oder in der Mikrowelle schmelzen. Mit einem Kuchenpinsel als Haare auf dem oberen Teil der Cake Pops auftragen. Je ein Papierbackförmchen daraufsetzen.

7. Einen kleinen Tupfen Schokolade in die Mitte der Cake Pops setzen und eine Schokolinse als Nase vorsichtig hineindrücken. Nach Belieben ein weißes Schokotröpfchen darauf platzieren. Mit schwarzer Zuckerschrift Augen und Sommersprossen aufmalen.

8. Die Cake Pops wieder in den Styroporblock stecken und die Zuckerschrift trocknen lassen.

WENN SIE DIESE CAKE POPS MÖGEN, VERSUCHEN SIE AUCH DIE CAKE POPS PRETTY IN PINK AUF SEITE 122.

EDLE PERLEN

CAKE POPS 1 Portion Schokoladen- oder Vanilleteig (in der Form gebacken; siehe S. 8–9) • 60 g weiße Schokolade

DEKORATION 250 g weiße Schokolade • 1 EL Pflanzenöl • rote und grüne Lebensmittelfarbe auf Ölbasis • 1 kleine Dose Lebensmittel-Perlmuttfarbpulver „Pearl White" • feines silbernes Band, in 20 cm langen Stücken • zusätzliche weiße Schokolade, geschmolzen

ERGIBT 20 CAKE POPS • **ZUBEREITUNGSZEIT** 45 MINUTEN + RUHEZEIT • **BACKZEIT** 18–20 MINUTEN

CAKE POPS 1. Die Cake Pops wie auf Seite 8–9 beschrieben zubereiten.

2. Die weiße Schokolade über einem Wasserbad oder in der Mikrowelle schmelzen. Die Lollistiele an einem Ende in die Schokolade tauchen, in die Teigkugeln stecken und austretende Schokolade abwischen. Etwa 10 Minuten im Kühlschrank fest werden lassen.

DEKORATION 3. Die dunkle Schokolade über einem Wasserbad oder in der Mikrowelle schmelzen. Das Pflanzenöl unterrühren. Die Hälfte der Schokolade in eine zweite Schale füllen. Eine Portion mit Lebensmittelfarbe kräftig rot einfärben, die andere kräftig grün.

4. Einen Styroporblock zum Trocknen der Cake Pops vorbereiten (siehe S. 12).

5. Je die Hälfte der Cake Pops einzeln in die rote bzw. grüne Schokolade tauchen und vollständig damit überziehen. Die Schokolade abtropfen lassen und die Cake Pops in den Styroporblock stecken. Vollständig aushärten und trocknen lassen.

6. Eine kleine Menge Farbpulver auf ein Stück Backpapier geben. Mit einem Haarpinsel eine dünne Schicht in Kreisbewegungen auf die Pops auftragen. Je mehr Pulver, desto stärker wird der Perlmutteffekt.

7. Die silbernen Bänder um die Lollistiele binden.

WENN SIE DIESE CAKE POPS MÖGEN, VERSUCHEN SIE AUCH DIE CAKE POPS KLEINE GESCHENKE AUF SEITE 96

CAKE POPS 1 Portion Schokoladen- oder Vanilleteig (in der Form gebacken; siehe S. 8–9) • 60 g weiße Schokolade

DEKORATION 1 kleine Packung rosa Rollfondant • 1 kleine Packung weißer Rollfondant • 250 g weiße Schokolade • 1 EL Pflanzenöl

ERGIBT 20 CAKE POPS • **ZUBEREITUNGSZEIT** 1 STUNDE + RUHEZEIT • **BACKZEIT** 18–20 MINUTEN

HOCHZEIT

CAKE POPS **1.** Die Cake Pops wie auf Seite 8–9 beschrieben zubereiten.

2. Die weiße Schokolade über einem Wasserbad oder in der Mikrowelle schmelzen. Die Lollistiele an einem Ende in die Schokolade tauchen, in die Teigkugeln stecken und austretende Schokolade abwischen. Etwa 10 Minuten im Kühlschrank fest werden lassen.

DEKORATION **3.** Rosa und weißen Fondant ausrollen und kleine Herzen daraus ausstechen. Alternativ kleine Fondantstücke zu Tropfen formen und je zwei Tropfen zu Herzen zusammendrücken.

4. Die weiße Schokolade über einem Wasserbad oder in der Mikrowelle schmelzen. Das Pflanzenöl unterrühren.

5. Einen Styroporblock zum Trocknen der Cake Pops vorbereiten (siehe S. 12).

6. Die Cake Pops einzeln in die Schokolade tauchen und vollständig damit überziehen. Die Schokolade abtropfen lassen und die Cake Pops in den Styroporblock stecken.

7. Bevor die Schokolade fest wird, rasch je ein rosa und ein weißes Herz nebeneinander vorsichtig hineindrücken.

8. Die Cake Pops wieder in den Styroporblock stecken. Vollständig aushärten und trocknen lassen.

★ DIESE CAKE POPS KÖNNEN AUCH ZU EINER VERLOBUNGSFEIER UND ZU EINEM POLTERABEND SERVIERT WERDEN.

WENN SIE DIESE CAKE POPS MÖGEN, VERSUCHEN SIE AUCH DIE CAKE POPS VALENTINSTAG AUF SEITE 32.

CAKE POPS 1 Portion Schokoladen- oder Vanilleteig (in der Form gebacken; siehe S. 8–9) • 60 g weiße Schokolade

DEKORATION 250 g weiße Schokolade • 1 EL Pflanzenöl • gelbe Lebensmittelfarbe auf Ölbasis • 1 Tube schwarze Zuckerschrift

ERGIBT 20 CAKE POPS • **ZUBEREITUNGSZEIT** 45 MINUTEN + RUHEZEIT • **BACKZEIT** 18–20 MINUTEN

SMILE!

CAKE POPS 1. Die Cake Pops wie auf Seite 8–9 beschrieben zubereiten.

2. Die weiße Schokolade über einem Wasserbad oder in der Mikrowelle schmelzen. Die Lollistiele an einem Ende in die Schokolade tauchen, in die Teigkugeln stecken und austretende Schokolade abwischen. Etwa 10 Minuten im Kühlschrank fest werden lassen.

DEKORATION 3. Die weiße Schokolade über einem Wasserbad oder in der Mikrowelle schmelzen. Pflanzenöl und so viel Lebensmittelfarbe unterrühren, bis die Masse kräftig gelb ist.

4. Einen Styroporblock zum Trocknen der Cake Pops vorbereiten (siehe S. 12).

5. Die Cake Pops einzeln in die Schokolade tauchen und vollständig damit überziehen. Die Schokolade abtropfen lassen und die Cake Pops in den Styroporblock stecken. Vollständig aushärten und trocknen lassen.

6. Mit schwarzer Zuckerschrift je zwei Augen und einen Lachmund auf die Cake Pops aufmalen.

7. Die Cake Pops wieder in den Styroporblock stecken und die Zuckerschrift trocknen lassen.

• WENN SIE DIESE CAKE POPS MÖGEN, VERSUCHEN SIE AUCH DIE CAKE POPS LITTLE MISS GLÜCKLICH AUF SEITE 68

KUNTERBUNT

CAKE POPS 1 Portion Schokoladen- oder Vanilleteig (in der Form gebacken; siehe S. 8–9) • 60 g weiße Schokolade
DEKORATION 250 g weiße Schokolade • 1 EL Pflanzenöl • rote Lebensmittelfarbe auf Ölbasis • 1 Packung Jelly Beans
ERGIBT 20 CAKE POPS • **ZUBEREITUNGSZEIT** 1 STUNDE + RUHEZEIT • **BACKZEIT** 18–20 MINUTEN

CAKE POPS 1. Die Cake Pops wie auf Seite 8–9 beschrieben zubereiten.
2. Die weiße Schokolade über einem Wasserbad oder in der Mikrowelle schmelzen. Die Lollistiele an einem Ende in die Schokolade tauchen, in die Teigkugeln stecken und austretende Schokolade abwischen. 10 Minuten im Kühlschrank fest werden lassen.
DEKORATION 3. Die weiße Schokolade über einem Wasserbad oder in der Mikrowelle schmelzen. Pflanzenöl und so viel Lebensmittelfarbe unterrühren, bis die Masse kräftig rot ist.

4. Einen Styroporblock zum Trocknen der Cake Pops vorbereiten (siehe S. 12).
5. Die Cake Pops einzeln in die Schokolade tauchen und vollständig damit überziehen. Die Schokolade abtropfen lassen und die Cake Pops in den Styroporblock stecken.
6. Bevor die Schokolade fest wird, rasch Jelly Beans in beliebiger Anordnung vorsichtig hineindrücken.
7. Die Cake Pops wieder in den Styroporblock stecken. Vollständig aushärten und trocknen lassen.

WENN SIE DIESE CAKE POPS MÖGEN, VERSUCHEN SIE AUCH DIE CAKE POPS KONFETTIREGEN AUF SEITE 86.

MUTTERTAG

CAKE POPS 1 Portion Vanilleteig mit Vanille-Buttercreme (Krümelmethode; siehe S. 10–11) • 90 g weiße Schokolade

DEKORATION 500 g weiße Schokolade • 2 EL Pflanzenöl • kleine bunte Zuckerblumen

ERGIBT 50 CAKE POPS • **ZUBEREITUNGSZEIT** 1½ STUNDEN + RUHEZEIT • **BACKZEIT** 50–60 MINUTEN

CAKE POPS 1. Den Vanilleteig wie auf Seite 10–11 beschrieben zerkrümeln und mit der Buttercreme binden. Die Masse zu gut walnussgroßen Kugeln formen. Im Kühlschrank 30 Minuten fest werden lassen.

2. Die weiße Schokolade über einem Wasserbad oder in der Mikrowelle schmelzen. Die Lollistiele an einem Ende in die Schokolade tauchen, in die Teigkugeln stecken und austretende Schokolade abwischen. Etwa 10 Minuten im Kühlschrank fest werden lassen.

DEKORATION 3. Die weiße Schokolade über einem Wasserbad oder in der Mikrowelle schmelzen. Das Pflanzenöl unterrühren.

4. Einen Styroporblock zum Trocknen der Cake Pops vorbereiten (siehe S. 12).

5. Die Cake Pops einzeln in die Schokolade tauchen und vollständig damit überziehen. Die Schokolade abtropfen lassen und die Cake Pops in den Styroporblock stecken.

6. Bevor die Schokolade fest wird, die Zuckerblumen in beliebiger Anordnung vorsichtig hineindrücken.

7. Die Cake Pops wieder in den Styroporblock stecken. Vollständig aushärten und trocknen lassen.

WENN SIE DIESE CAKE POPS MÖGEN, VERSUCHEN SIE AUCH DIE CAKE POPS KAFFEEPAUSE AUF SEITE 50.

CAKE POPS 1 Portion Schokoladen- oder Vanilleteig (in der Form gebacken; siehe S. 8–9) • 60 g weiße Schokolade

DEKORATION 250 g weiße Schokolade • 1 EL Pflanzenöl • 50 g Kokosraspel • je 1 Packung rosafarbene und silberne Zuckerperlen • 1 Packung Streudekor in Herzform • 40 rosa oder weiße Marshmallows • 1 Packung kleine rosa Zuckerringe • je 1 Tube rote und schwarze Zuckerschrift

ERGIBT 20 CAKE POPS • **ZUBEREITUNGSZEIT** 1 STUNDE + RUHEZEIT • **BACKZEIT** 18–20 MINUTEN

KLEINE PRINZESSINNEN

CAKE POPS **1.** Die Cake Pops wie auf Seite 8–9 beschrieben zubereiten.

2. Die Schokolade über einem Wasserbad oder in der Mikrowelle schmelzen. Die Lollistiele an einem Ende in die Schokolade tauchen, in die Teigkugeln stecken und austretende Schokolade abwischen. Im Kühlschrank fest werden lassen.

DEKORATION **3.** Die Schokolade über einem Wasserbad schmelzen. Das Pflanzenöl einrühren.

4. Einen Styroporblock zum Trocknen der Cake Pops vorbereiten (siehe S. 12).

5. Die Cake Pops einzeln in die Schokolade tauchen und vollständig damit überziehen. Die Schokolade abtropfen lassen und die Cake Pops in den Styroporblock stecken.

6. Die Oberseite der Cake Pops in die Kokosraspel tauchen. Silberperlen als Diadem und seitlich je ein Herz als Haarspange in die Schokolade drücken. Die rosafarbenen Zuckerperlen als Kette um den Lollistiel in die Schokolade drücken. Die Cake Pops wieder in den Styroporblock stecken. Vollständig aushärten und trocknen lassen.

7. Je zwei Marshmallows auf die Lollistiele stecken und bis unter die Cake Pops schieben. Die Zuckerringe halbieren und als Arme seitlich in die oberen Marshmallows drücken.

8. Mit roter Zuckerschrift je einen Mund und mit schwarzer Zuckerschrift Augen und Wimpern aufmalen.

9. Die Cake Pops wieder in den Styroporblock stecken und die Zuckerschrift trocknen lassen.

WENN SIE DIESE CAKE POPS MÖGEN, VERSUCHEN SIE AUCH DIE CAKE POPS TEDDYBÄREN AUF SEITE 64.

ABC

CAKE POPS 1 Portion Schokoladen- oder Vanilleteig (in der Form gebacken; siehe S. 8–9) • 60 g weiße Schokolade

DEKORATION 250 g weiße Schokolade • 1 EL Pflanzenöl • violette Lebensmittelfarbe auf Ölbasis • je 1 Tube rote oder weiße Zuckerschrift

ERGIBT 20 CAKE POPS • **ZUBEREITUNGSZEIT** 1 STUNDE + RUHEZEIT • **BACKZEIT** 18–20 MINUTEN

CAKE POPS 1. Die Cake Pops wie auf Seite 8–9 beschrieben zubereiten.

2. Die weiße Schokolade über einem Wasserbad oder in der Mikrowelle schmelzen. Die Lollistiele an einem Ende in die Schokolade tauchen, in die Teigkugeln stecken und austretende Schokolade abwischen. Etwa 10 Minuten im Kühlschrank fest werden lassen.

DEKORATION 3. Die weiße Schokolade über einem Wasserbad oder in der Mikrowelle schmelzen. Pflanzenöl und so viel Lebensmittelfarbe unterrühren, bis die Masse kräftig violett ist.

4. Einen Styroporblock zum Trocknen der Cake Pops vorbereiten (siehe S. 12).

5. Die Cake Pops einzeln in die Schokolade tauchen und vollständig damit überziehen. Die Schokolade abtropfen lassen und die Cake Pops in den Styroporblock stecken. Vollständig aushärten und trocknen lassen.

6. Mit Zuckerschrift Buchstaben auf die Cake Pops aufmalen.

7. Die Cake Pops wieder in den Styroporblock stecken und die Zuckerschrift trocknen lassen.

✶ *FÜR EINE GEBURTSTAGSPARTY KÖNNEN CAKE POPS MIT DEM NAMEN DES GEBURTSTAGSKINDES UND ANDERE MIT „HAPPY BIRTHDAY" BESCHRIFTET WERDEN.*

● **WENN SIE DIESE CAKE POPS MÖGEN, VERSUCHEN SIE AUCH DIE CAKE POPS GLÜCKSZAHLEN AUF SEITE 120.**

KAFFEEPAUSE

CAKE POPS 1 Portion Schokoladen- oder Vanilleteig (in der Form gebacken; siehe S. 8–9) • 60 g weiße Schokolade

DEKORATION 250 g weiße Schokolade • 1 EL Pflanzenöl • 20 kleine Plätzchen mit Zuckerguss • 10 kleine rosa Zuckerringe • Kakaopulver, zum Bestäuben

ERGIBT 20 CAKE POPS • **ZUBEREITUNGSZEIT** 1 STUNDE + RUHEZEIT • **BACKZEIT** 18–20 MINUTEN

CAKE POPS **1.** Die Cake Pops wie auf Seite 8–9 beschrieben zubereiten.

2. Die weiße Schokolade über einem Wasserbad oder in der Mikrowelle schmelzen. Die Lollistiele an einem Ende in die Schokolade tauchen, in die Teigkugeln stecken und austretende Schokolade abwischen. 10 Minuten im Kühlschrank fest werden lassen.

DEKORATION **3.** Für die Untertassen jedes Plätzchen in der Mitte vorsichtig mit einem Lollistiel durchbohren.

4. Von den Cake Pops oben eine kleine Kappe abschneiden, sodass eine gerade Fläche entsteht.

5. Die weiße Schokolade über einem Wasserbad oder in der Mikrowelle schmelzen und das Pflanzenöl unterrühren.

6. Einen Styroporblock zum Trocknen der Cake Pops vorbereiten (siehe S. 12).

7. Die Cake Pops einzeln in die Schokolade tauchen und vollständig damit überziehen. D
Schokolade abtropfen lassen und die C
Pops in den Styroporblock stecken

8. Bevor die Schokolade fest wird
Zuckerring seitlich als Henkel i
Pops drücken. Die Oberseite
bestäuben. Die vorbereiteten Plätz
Glasur nach oben auf die Lollistiel
nach oben bis unter die Cake Pops s

9. Die Cake Pops wieder in den
stecken. Vollständig aushärte
lassen.

WENN SIE

KNUSPERSCHOKOLADE

ERGIBT 50 CAKE POPS • **ZUBEREITUNGSZEIT** 1½ STUNDEN + RUHEZEIT • **BACKZEIT** 50–60 MINUTEN

CAKE POPS 1 Portion Schokoladenteig und Schokoladen-Buttercreme (Krümelmethode; siehe S. 10–11) • 90 g dunkle Schokolade

DEKORATION 500 g dunkle Schokolade • 2 EL Pflanzenöl 120–160 g Knusper-Schokoriegel, grob gehackt

CAKE POPS 1. Den Schokoladenteig wie auf Seite 10–11 beschrieben zerkrümeln und mit der Buttercreme binden. Die Masse zu gut walnussgroßen Kugeln formen. Im Kühlschrank 30 Minuten fest werden lassen.

2. Die dunkle Schokolade über einem Wasserbad oder in der Mikrowelle schmelzen. Die Lollistiele an einem Ende in die Schokolade tauchen, in die Teigkugeln stecken und austretende Schokolade abwischen. Etwa 10 Minuten im Kühlschrank fest werden lassen.

DEKORATION 3. Die Schokoriegel-Stücke auf einen Teller geben.

4. Die dunkle Schokolade über einem Wasserbad oder in der Mikrowelle schmelzen. Das Pflanzenöl unterrühren.

5. Einen Styroporblock zum Trocknen der Cake Pops vorbereiten (siehe S. 12).

6. Die Cake Pops einzeln in die Schokolade tauchen und vollständig damit überziehen. Die Schokolade abtropfen lassen und die Cake Pops in den Styroporblock stecken.

7. Bevor die Schokolade fest wird, die Cake Pops über dem Teller halten und mit den Schokoriegel-Stückchen bestreuen.

8. Die Cake Pops wieder in den Styroporblock stecken. Vollständig aushärten und trocknen lassen.

WENN SIE DIESE CAKE POPS MÖGEN, VERSUCHEN SIE AUCH DIE CAKE POPS HANDKARREN AUF SEITE 80.

CAKE POPS 1 Portion Schokoladen- oder Vanilleteig (in der Form gebacken; siehe S. 8–9) • 60 g weiße Schokolade

DEKORATION 250 g weiße Schokolade • 1 EL Pflanzenöl • gelbe Lebensmittelfarbe auf Ölbasis • Zuckerschmetterlinge

ERGIBT 20 CAKE POPS • **ZUBEREITUNGSZEIT** 45 MINUTEN + RUHEZEIT • **BACKZEIT** 18–20 MINUTEN

SCHMETTERLINGE

CAKE POPS 1. Die Cake Pops wie auf Seite 8–9 beschrieben zubereiten.

2. Die weiße Schokolade über einem Wasserbad oder in der Mikrowelle schmelzen. Die Lollistiele an einem Ende in die Schokolade tauchen, in die Teigkugeln stecken und austretende Schokolade abwischen. Etwa 10 Minuten im Kühlschrank fest werden lassen.

DEKORATION 3. Die weiße Schokolade über einem Wasserbad oder in der Mikrowelle schmelzen. Pflanzenöl und so viel Lebensmittelfarbe unterrühren, bis die Masse zartgelb ist.

4. Einen Styroporblock zum Trocknen der Cake Pops vorbereiten (siehe S. 12).

5. Die Cake Pops einzeln in die Schokolade tauchen und vollständig damit überziehen. Die Schokolade abtropfen lassen und die Cake Pops in den Styroporblock stecken.

6. Bevor die Schokolade fest wird, die Schmetterlinge in beliebiger Anordnung vorsichtig hineindrücken.

7. Die Cake Pops wieder in den Styroporblock stecken. Vollständig aushärten und trocknen lassen.

WENN SIE DIESE CAKE POPS MÖGEN, VERSUCHEN SIE AUCH DIE CAKE POPS FRÖHLICHE KUGELFISCHE AUF SEITE

CAKE POPS 1 Portion Schokoladen- oder Vanilleteig (in der Form gebacken; siehe S. 8–9) • 60 g weiße Schokolade

DEKORATION 250 g weiße Schokolade • 1 EL Pflanzenöl • 1 Packung rosa Paschmak (persische Zuckerwatte)

ERGIBT 20 CAKE POPS • **ZUBEREITUNGSZEIT** 45 MINUTEN + RUHEZEIT • **BACKZEIT** 18–20 MINUTEN

FLAUSCHIG

CAKE POPS 1. Die Cake Pops wie auf Seite 8–9 beschrieben zubereiten.

2. Die weiße Schokolade über einem Wasserbad oder in der Mikrowelle schmelzen. Die Lollistiele an einem Ende in die Schokolade tauchen, in die Teigkugeln stecken und austretende Schokolade abwischen. Etwa 10 Minuten im Kühlschrank fest werden lassen.

DEKORATION 3. Die weiße Schokolade über einem Wasserbad oder in der Mikrowelle schmelzen. Das Pflanzenöl unterrühren.

4. Einen Styroporblock zum Trocknen der Cake Pops vorbereiten (siehe S. 12).

5. Die Cake Pops einzeln in die Schokolade tauchen und vollständig damit überziehen. Die Schokolade abtropfen lassen und die Cake Pops in den Styroporblock stecken.

6. Bevor die Schokolade fest wird, die Cake Pops rasch mit Zuckerwattefäden einhüllen.

7. Die Cake Pops wieder in den Styroporblock stecken. Vollständig aushärten und trocknen lassen.

★ PASCHMAK IST EINE ART PERSISCHE ZUCKERWATTE. ES KANN PUR GEGESSEN ODER ZUR DEKORATION VON CUPCAKES ODER CAKE POPS VERWENDET WERDEN. SIE FINDEN ES IN ORIENTALISCHEN LEBENSMITTELGESCHÄFTEN.

● **WENN SIE DIESE CAKE POPS MÖGEN, VERSUCHEN SIE AUCH DIE CAKE POPS KLEINE PRINZESSINNEN AUF SETIE 46**

CAKE POPS 1 Portion Schokoladen- oder Vanilleteig (in der Form gebacken; siehe S. 8–9) • 60 g weiße Schokolade

DEKORATION 250 g weiße Schokolade • 1 EL Pflanzenöl • rote Lebensmittelfarbe auf Ölbasis • 1 Packung Lakritzbänder • je 1 Tube weiße, rote und schwarze Zuckerschrift

ERGIBT 20 CAKE POPS • **ZUBEREITUNGSZEIT** 1 STUNDE + RUHEZEIT • **BACKZEIT** 18–20 MINUTEN

MARIENKÄFER

CAKE POPS 1. Die Cake Pops wie auf Seite 8–9 beschrieben zubereiten.

2. Die weiße Schokolade über einem Wasserbad oder in der Mikrowelle schmelzen. Die Lollistiele an einem Ende in die Schokolade tauchen, in die Teigkugeln stecken und austretende Schokolade abwischen. Etwa 10 Minuten im Kühlschrank fest werden lassen.

DEKORATION 3. Für die Käfergesichter etwa 20 Ovale (2,5 cm), für die Rückenlinie 2,5 cm lange Streifen, für die Fühler kurze Streifen und für die Punkte kleine Stückchen aus den Lakritzstreifen ausschneiden und jeweils in Schalen geben.

4. Die weiße Schokolade über einem Wasserbad oder in der Mikrowelle schmelzen. Pflanzenöl und so viel Lebensmittelfarbe unterrühren, bis die Masse kräftig rot ist.

5. Einen Styroporblock zum Trocknen der Cake Pops vorbereiten (siehe S. 12).

6. Die Cake Pops einzeln in die Schokolade tauchen und vollständig damit überziehen. Die Schokolade abtropfen lassen und die Cake Pops in den Styroporblock stecken.

7. Bevor die Schokolade fest wird, das Oval für das Gesicht, dann Fühler, Rückenlinie und Punkte vorsichtig hineindrücken.

8. Mit weißer Zuckerschrift Augen, mit schwarzer Zuckerschrift Pupillen und mit roter Zuckerschrift einen Mund aufmalen. Die Cake Pops wieder in den Styroporblock stecken und die Zuckerschrift trocknen lassen.

WENN SIE DIESE CAKE POPS MÖGEN, VERSUCHEN SIE AUCH DIE CAKE POPS SCHLANGENNEST AUF SEITE 72.

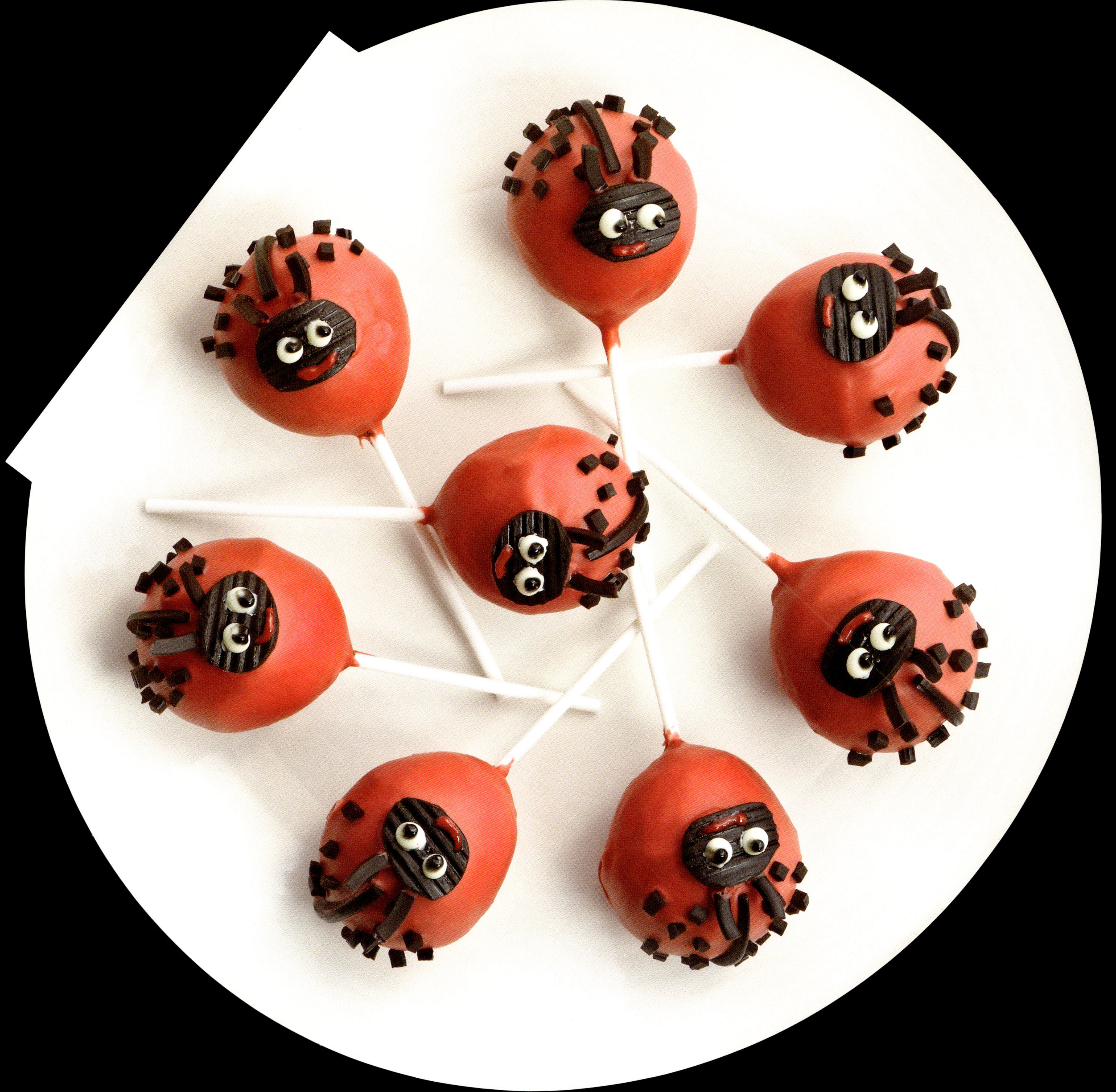

CAKE POPS 1 Portion Schokoladen- oder Vanilleteig (in der Form gebacken; siehe S. 8–9) • 60 g weiße Schokolade

DEKORATION 1 Portion Vanille-Buttercreme (siehe S. 10–11) • gelbe Lebensmittelfarbe • 1 Packung bunte Schokolinsen • 1 Packung bunte Mini-Schokolinsen • rote Streuherzen

ERGIBT 20 CAKE POPS • **ZUBEREITUNGSZEIT** 1 STUNDE + RUHEZEIT • **BACKZEIT** 18–20 MINUTEN

SÜSSE KÜKEN

CAKE POPS 1. Die Cake Pops wie auf Seite 8–9 beschrieben zubereiten.

2. Die weiße Schokolade über einem Wasserbad oder in der Mikrowelle schmelzen. Die Lollistiele an einem Ende in die Schokolade tauchen, in die Teigkugeln stecken und austretende Schokolade abwischen. Etwa 10 Minuten im Kühlschrank fest werden lassen.

DEKORATION 3. Einen Styroporblock zum Trocknen der Cake Pops vorbereiten (siehe S. 12).

4. Die Buttercreme mit so viel Lebensmittelfarbe einfärben, dass sie leuchtend gelb ist. Die Buttercreme in einen Spritzbeutel mit kleiner Sterntülle füllen. Von unten beginnend die Cake Pops mit kleinen Rosetten bedecken, damit die Küken-Pops flauschig wirken.

5. Auf beiden Seiten gelbe Schokolinsen als Flügel in die Creme drücken. Braune Mini-Schokolinsen als Augen, eine orange oder rote Schokolinse als Kamm bzw. Schnabel senkrecht und rote Streuherzen als Füße in die Creme drücken.

6. Die Cake Pops wieder in den Styroporblock stecken und bis zum Servieren in den Kühlschrank stellen.

✶ *DIESE HÜBSCHEN CAKE POPS SIND EINE TOLLE ÜBERRASCHUNG FÜRS OSTERFEST ODER EINE ANDERE FEIER IM FRÜHLING.*

• **WENN SIE DIESE CAKE POPS MÖGEN, VERSUCHEN SIE AUCH DIE CAKE POPS SUMM, SUMM, SUMM AUF SEITE 106**

CAKE POPS 1 Portion Schokoladen- oder Vanilleteig (in der Form gebacken; siehe S. 8–9) • 60 g weiße Schokolade

DEKORATION 250 g weiße Schokolade • 1 EL Pflanzenöl • rosa und violette Lebensmittelfarbe auf Ölbasis • bunt gemischte oder einfarbige kleine Liebesperlen (Nonpareilles)

ERGIBT 20 CAKE POPS • **ZUBEREITUNGSZEIT** 45 MINUTEN + RUHEZEIT • **BACKZEIT** 18–20 MINUTEN

LIEBESPERLEN

CAKE POPS 1. Die Cake Pops wie auf Seite 8–9 beschrieben zubereiten.

2. Die weiße Schokolade über einem Wasserbad oder in der Mikrowelle schmelzen. Die Lollistiele an einem Ende in die Schokolade tauchen, in die Teigkugeln stecken und austretende Schokolade abwischen. Etwa 10 Minuten im Kühlschrank fest werden lassen.

DEKORATION 3. Die Schokolade über einem Wasserbad oder in der Mikrowelle schmelzen. Das Pflanzenöl unterrühren. Die Hälfte der Schokolade in eine zweite Schale füllen. Die Portionen mit Lebensmittelfarbe rosa bzw. violett einfärben.

5. Einen Styroporblock zum Trocknen der Cake Pops vorbereiten (siehe S. 12).

6. Je die Hälfte der Cake Pops einzeln in die rosa bzw. violette Schokolade tauchen und vollständig damit überziehen. Die Schokolade abtropfen lassen und die Cake Pops in den Styroporblock stecken.

7. Bevor die Schokolade fest wird, die Cake Pops mit Liebesperlen bestreuen oder zur Hälfte darin wenden.

8. Die Cake Pops wieder in den Styroporblock stecken. Vollständig aushärten und trocknen lassen.

• **WENN SIE DIESE CAKE POPS MÖGEN, VERSUCHEN SIE AUCH DIE CAKE POPS OSTEREIER AUF SEITE 20.**

CAKE POPS 1 Portion Schokoladen- oder Vanilleteig (in der Form gebacken; siehe S. 8–9) • 60 g weiße Schokolade

DEKORATION 1 Portion Vanille-Buttercreme (siehe S. 10–11) • 20 rote Schokolinsen • 40 dunkle Schokoladenplättchen • 1 Packung Mini-Milchschokoladentropfen

ERGIBT 20 CAKE POPS • **ZUBEREITUNGSZEIT** 1 STUNDE + RUHEZEIT • **BACKZEIT** 18–20 MINUTEN

TEDDYBÄREN

CAKE POPS 1. Die Cake Pops wie auf Seite 8–9 beschrieben zubereiten.

2. Die weiße Schokolade über einem Wasserbad oder in der Mikrowelle schmelzen. Die Lollistiele an einem Ende in die Schokolade tauchen, in die Teigkugeln stecken und austretende Schokolade abwischen. Etwa 10 Minuten im Kühlschrank fest werden lassen.

DEKORATION 3. Schokolinsen, Schokoladentropfen und Schokoladenplättchen in Schalen geben.

4. Einen Styroporblock zum Trocknen der Cake Pops vorbereiten (siehe S. 12).

5. Die Buttercreme in einen Spritzbeutel mit kleiner Sterntülle füllen und unten beginnend die Cake Pops mit kleinen Rosetten bedecken, damit die Bären flauschig wirken.

6. Je eine rote Schokolinse als Nase in die Mitte, zwei Schokoplättchen seitlich als Ohren und zwei Schokotröpfchen als Augen vorsichtig in die Buttercreme drücken.

7. Die Cake Pops wieder in den Styroporblock stecken und bis zum Servieren in den Kühlschrank stellen.

✶ *DIESE CAKE POPS SIND EINE SCHÖNE ÜBERRASCHUNG FÜR EINEN KLEINKINDGEBURTSTAG.*

WENN SIE DIESE CAKE POPS MÖGEN, VERSUCHEN SIE AUCH DIE CAKE POPS AFFENTANZ AUF SEITE 100.

FRÖHLICHE KUGELFISCHE

CAKE POPS 1 Portion Schokoladen- oder Vanilleteig (in der Form gebacken; siehe S. 8–9) • 60 g weiße Schokolade

DEKORATION 250 g weiße Schokolade • 1 EL Pflanzenöl • orange Lebensmittelfarbe auf Ölbasis • 1 Packung bunte Mini-Schokolinsen • rote Streuherzen • 1 Packung bunte Streuherzen

ERGIBT 20 CAKE POPS • **ZUBEREITUNGSZEIT** 1 STUNDE + RUHEZEIT • **BACKZEIT** 18–20 MINUTEN

CAKE POPS 1. Die Cake Pops wie auf Seite 8–9 beschrieben zubereiten.

2. Die weiße Schokolade über einem Wasserbad oder in der Mikrowelle schmelzen. Die Lollistiele an einem Ende in die Schokolade tauchen, in die Teigkugeln stecken und austretende Schokolade abwischen. 10 Minuten im Kühlschrank fest werden lassen.

DEKORATION 3. Schokolinsen, rote Herzen und bunte Herzen in drei Schalen geben.

4. Die weiße Schokolade über einem Wasserbad oder in der Mikrowelle schmelzen. Pflanzenöl und so viel Lebensmittelfarbe unterrühren, bis die Masse kräftig orange ist.

5. Einen Styroporblock zum Trocknen der Cake Pops vorbereiten (siehe S. 12).

6. Die Cake Pops einzeln in die Schokolade tauchen und vollständig damit überziehen. Die Schokolade abtropfen lassen und die Cake Pops in den Styroporblock stecken.

7. Bevor die Schokolade fest wird, zwei blaue Schokolinsen als Augen in die Mitte und für die Flossen einige bunte Schokolinsen auf beiden Seiten vorsichtig in die Schokolade drücken. Als Rückenflosse einige bunte Herzchen in einer Reihe und als Maul ein rotes Herzchen mit der Spitze in die Schokolade stecken.

8. Die Cake Pops wieder in den Styroporblock stecken. Vollständig aushärten und trocknen lassen.

WENN SIE DIESE CAKE POPS MÖGEN, VERSUCHEN SIE AUCH DIE CAKE POPS BELLO AUF SEITE 84.

CAKE POPS 1 Portion Schokoladen- oder Vanilleteig (in der Form gebacken; siehe S. 8–9) • 60 g weiße Schokolade

DEKORATION 250 g weiße Schokolade • 1 EL Pflanzenöl • violette oder blaue Lebensmittelfarbe auf Ölbasis • 1 Packung rote Weingummischnüre • 1 Packung weiße Mini-Schokoladentropfen • 1 Packung Jelly Beans • 1 Packung Streudekor in Herzform • 1 Tube schwarze Zuckerschrift

ERGIBT 20 CAKE POPS • **ZUBEREITUNGSZEIT** 1 STUNDE + RUHEZEIT • **BACKZEIT** 18–20 MINUTEN

LITTLE MISS GLÜCKLICH

CAKE POPS **1.** Die Cake Pops wie auf Seite 8–9 beschrieben zubereiten.

2. Die Schokolade über einem Wasserbad schmelzen. Die Lollistiele an einem Ende in die Schokolade tauchen, in die Teigkugeln stecken und austretende Schokolade abwischen. 10 Minuten im Kühlschrank fest werden lassen.

DEKORATION **3.** Für das Haar die Weingummischnüre in gleiche Längen schneiden. Für die Hände die Jelly Beans längs halbieren. Alle Dekorationselemente einzeln in Schalen geben.

4. Die weiße Schokolade über einem Wasserbad oder in der Mikrowelle schmelzen. Pflanzenöl und so viel Lebensmittelfarbe unterrühren, bis die Masse kräftig violett oder blau ist.

5. Einen Styroporblock zum Trocknen der Cake Pops vorbereiten (siehe S. 12).

6. Die Cake Pops einzeln in die Schokolade tauchen und vollständig damit überziehen. Die Schokolade abtropfen lassen und die Cake Pops in den Styroporblock stecken.

7. Bevor die Schokolade fest wird, rasch die Weingummischnüre als Haare über die Pops legen und die Herzchen als Spangen davor platzieren. Die Schokotröpfchen als Nase und die Jelly Beans als Hände schräg daruntersetzen. Mit schwarzer Zuckerschrift Augen und zwischen den Jelly Beans einen Lachmund aufmalen.

8. Die Cake Pops wieder in den Styroporblock stecken und die Zuckerschrift trocknen lassen.

WENN SIE DIESE CAKE POPS MÖGEN, VERSUCHEN SIE AUCH DIE CAKE POPS ZIRKUSCLOWN AUF SEITE 98.

CAKE POPS 1 Portion Schokoladen- oder Vanilleteig und Schokoladen- oder Vanille-Buttercreme (Krümelmethode; siehe S. 10–11) • 90 g weiße Schokolade
DEKORATION 500 g weiße Schokolade • 2 EL Pflanzenöl • rote Lebensmittelfarbe auf Ölbasis • je 1 Tube blaue und grüne Zuckerschrift • 1 Packung bunte Mini-Schokolinsen • 1 Packung bunte Schokolinsen

ERGIBT 50 CAKE POPS • **ZUBEREITUNGSZEIT** 1½ STUNDEN + RUHEZEIT • **BACKZEIT** 50–60 MINUTEN

ROTE FLITZER

CAKE POPS 1. Den Teig wie auf Seite 10–11 beschrieben zerkrümeln und mit der Buttercreme binden. Je etwa 2 Esslöffel Masse zu einfachen Autoformen modellieren. Im Kühlschrank 30 Minuten fest werden lassen.

2. Die weiße Schokolade über einem Wasserbad oder in der Mikrowelle schmelzen. Die Lollistiele an einem Ende in die Schokolade tauchen, in die Teigkugeln stecken und austretende Schokolade abwischen. Etwa 10 Minuten im Kühlschrank fest werden lassen.

DEKORATION 3. Die weiße Schokolade über einem Wasserbad oder in der Mikrowelle schmelzen. Pflanzenöl und so viel Lebensmittelfarbe unterrühren, bis die Masse kräftig rot ist.

4. Einen Styroporblock zum Trocknen der Cake Pops vorbereiten (siehe S. 12).

5. Die Cake Pops einzeln in die Schokolade tauchen und vollständig damit überziehen. Die Schokolade abtropfen lassen und die Cake Pops in den Styroporblock stecken.

6. Bevor die Schokolade fest wird, rasch gelbe Mini-Schokolinsen als Lichter und die blauen Schokolinsen als Räder vorsichtig hineindrücken.

7. Die Cake Pops wieder in den Styroporblock stecken. Vollständig aushärten und trocknen lassen.

8. Mit blauer Zuckerschrift Türen und Fenster aufmalen. Trocknen lassen.

WENN SIE DIESE CAKE POPS MÖGEN, VERSUCHEN SIE AUCH DIE CAKE POPS UFOS AUF SEITE 94.

CAKE POPS 1 Portion Schokoladen- oder Vanilleteig (in der Form gebacken; siehe S. 8–9) • 60 g weiße Schokolade

DEKORATION 250 g weiße Schokolade • 1 EL Pflanzenöl • gelbe Lebensmittelfarbe auf Ölbasis • etwa 30 weiche Weingummischlangen

ERGIBT 20 CAKE POPS • **ZUBEREITUNGSZEIT** 1 STUNDE + RUHEZEIT • **BACKZEIT** 18–20 MINUTEN

SCHLANGENNEST

CAKE POPS 1. Die Cake Pops wie auf Seite 8–9 beschrieben zubereiten.

2. Die weiße Schokolade über einem Wasserbad oder in der Mikrowelle schmelzen. Die Lollistiele an einem Ende in die Schokolade tauchen, in die Teigkugeln stecken und austretende Schokolade abwischen. Etwa 10 Minuten im Kühlschrank fest werden lassen.

DEKORATION 3. Die weiße Schokolade über einem Wasserbad oder in der Mikrowelle hmelzen. Pflanzenöl und so viel Lebensmittel-e unterrühren, bis die Masse kräftig gelb ist. en Styroporblock zum Trocknen der Pops vorbereiten (siehe S. 12).

5. Die Cake Pops einzeln in die Schokolade tauchen und vollständig damit überziehen. Die Schokolade abtropfen lassen und die Cake Pops in den Styroporblock stecken. Vollständig aushärten und trocknen lassen.

6. Die Weingummischlangen längs halbieren. Die Schnittfläche ergibt eine haftende Oberfläche, auf der die Schlangen um die Cake Pops gewickelt werden können.

7. Die Cake Pops wieder in den Styroporblock stecken und trocknen lassen.

WENN SIE DIESE CAKE POPS MÖGEN, VERSUCHEN SIE AUCH DIE CAKE POPS MARIENKÄFER AUF SEITE 58.

CAKE POPS 1 Portion Schokoladenteig und Schokoladen-Buttercreme (Krümelmethode; siehe S. 10–11) • 40 g Rosinen, fein gehackt • 40 g Belegkirschen, fein gehackt • 90 g dunkle Schokolade

DEKORATION 500 g dunkle Schokolade • 2 EL Pflanzenöl • 100 g weiße Schokolade • 25 Belegkirschen, halbiert

ERGIBT 50 CAKE POPS • **ZUBEREITUNGSZEIT** 1½ STUNDEN + RUHEZEIT • **BACKZEIT** 50–60 MINUTEN

WEIHNACHTSZEIT

CAKE POPS 1. Den Schokoladenteig wie auf Seite 10–11 beschrieben zerkrümeln und mit der Buttercreme binden. Rosinen und Belegkirschen einarbeiten. Die Masse zu gut walnussgroßen Kugeln formen. Im Kühlschrank 30 Minuten fest werden lassen.

2. Die dunkle Schokolade über einem Wasserbad oder in der Mikrowelle schmelzen. Die Lollistiele an einem Ende in die Schokolade tauchen, in die Teigkugeln stecken und austretende Schokolade abwischen. Etwa 10 Minuten im Kühlschrank fest werden lassen.

DEKORATION 3. Die dunkle Schokolade über einem Wasserbad oder in der Mikrowelle schmelzen. Das Pflanzenöl unterrühren.

4. Einen Styroporblock zum Trocknen der Cake Pops vorbereiten (siehe S. 12).

5. Die Cake Pops einzeln in die Schokolade tauchen und vollständig damit überziehen. Die Schokolade abtropfen lassen und die Cake Pops in den Styroporblock stecken. Vollständig aushärten und trocknen lassen.

6. Die weiße Schokolade über einem Wasserbad oder in der Mikrowelle schmelzen. Auf die Oberseite der Pops tropfen, sodass die Schokolade an den Seiten etwas herunterläuft. Je eine halbe Belegkirsche daraufsetzen.

7. Die Cake Pops wieder in den Styroporblock stecken. Vollständig aushärten und trocknen lassen.

WENN SIE DIESE CAKE POPS MÖGEN, VERSUCHEN SIE AUCH DIE CAKE POPS RUDOLF, DAS RENTIER AUF SEITE 2

CAKE POPS 1 Portion Schokoladen- oder Vanilleteig (in der Form gebacken; siehe S. 8–9) • 60 g weiße Schokolade

DEKORATION 250 g weiße Schokolade • 1 EL Pflanzenöl • orange Lebensmittelfarbe auf Ölbasis • 1 Tube schwarze Zuckerschrift

ERGIBT 20 CAKE POPS • **ZUBEREITUNGSZEIT** 45 MINUTEN + RUHEZEIT • **BACKZEIT** 18–20 MINUTEN

BASKETBÄLLE

CAKE POPS **1.** Die Cake Pops wie auf Seite 8–9 beschrieben zubereiten.

2. Die weiße Schokolade über einem Wasserbad oder in der Mikrowelle schmelzen. Die Lollistiele an einem Ende in die Schokolade tauchen, in die Teigkugeln stecken und austretende Schokolade abwischen. Etwa 10 Minuten im Kühlschrank fest werden lassen.

DEKORATION **3.** Die weiße Schokolade über einem Wasserbad oder in der Mikrowelle schmelzen. Pflanzenöl und so viel Lebensmittelfarbe unterrühren, bis die Masse kräftig orange ist.

4. Einen Styroporblock zum Trocknen der Cake Pops vorbereiten (siehe S. 12).

5. Die Cake Pops einzeln in die Schokolade tauchen und vollständig damit überziehen. Die Schokolade abtropfen lassen und die Cake Pops in den Styroporblock stecken. Vollständig aushärten und trocknen lassen.

6. Mit schwarzer Zuckerschrift jeweils mittig eine Linie um den Cake Pop ziehen. Einen zweiten Kreis aufmalen, sodass sich die Linien oben kreuzen. Seitlich noch zwei weitere Kreise aufmalen.

7. Die Cake Pops wieder in den Styroporblock stecken und die Zuckerschrift trocknen lassen.

WENN SIE DIESE CAKE POPS MÖGEN, VERSUCHEN SIE AUCH DIE CAKE POPS STERNTALER AUF SEITE 30.

CAKE POPS 1 Portion Schokolade... Vanilleteig (in der Form gebacken; siehe S. ... 60 g weiße Schokolade

DEKORATION 250 g weiße Schokolade • 2 EL Pflanzenöl • grüne Lebensm... Ölbasis • 250 g Milchschokolade • 1 Packung bunte Schokolinsen • 1 Packung bu... Schokolinsen • je 1 Tube weiße und rote Zuckerschrift

ERGIBT 20 CAKE POPS • **ZUBEREITUNGSZEIT** 1 STUNDE + RUHEZEIT • **BACKZEIT** 18–20 MINUTEN

MONSTERPARADE

CAKE POPS 1. Die Cake Pops wie auf Seite 8–9 beschrieben zubereiten.

2. Die weiße Schokolade über einem Wasserbad oder in der Mikrowelle schmelzen. Die Lollistiele an einem Ende in die Schokolade tauchen, in die Teigkugeln stecken und austretende Schokolade abwischen. Etwa 10 Minuten im Kühlschrank fest werden lassen.

DEKORATION 3. Die weiße Schokolade über einem Wasserbad oder in der Mikrowelle schmelzen. Einen Esslöffel Pflanzenöl und so viel Lebensmittelfarbe unterrühren, bis die Masse kräftig grün ist.

4. Einen Styroporblock zum Trocknen der Cake Pops vorbereiten (siehe S. 12).

5. Die Cake Pops in die Schokolade ...tauchen und vollständig damit überziehen. Die Schokolade abtropfen lassen und die Cake Pops in den Styroporblock stecken. Vollständig aushärten und trocknen lassen.

6. Die Milchschokolade über einem Wasserbad oder in der Mikrowelle schmelzen. Das übrige Öl unterrühren. Die Cake Pops schräg zur Hälfte in die Schokolade tauchen und abtropfen lassen. Vollständig aushärten lassen.

7. Mithilfe der flüssigen Schokolade zwei Schokolinsen auf dem grünen Teil fixieren; je zwei Mini-Schokolinsen auf den größeren Schokolinsen befestigen. Mit weißer Zuckerschrift Zähne auf den braunen Teil malen. Mit roter Zuckerschrift eine Linie zwischen grünem und braunem Teil ziehen.

8. Die Cake Pops wieder in den Styroporblock stecken und die Zuckerschrift trocknen lassen.

WENN SIE DIESE CAKE POPS MÖGEN, VERSUCHEN SIE AUCH DIE CAKE POPS PIRATEN AHOI! AUF SETIE 104.

HANDKARREN

CAKE POPS 1 Portion Schokoladen- oder Vanilleteig (in der Form gebacken; siehe S. 8–9) • 60 g weiße Schokolade

DEKORATION 250 g weiße Schokolade • 1 EL Pflanzenöl • gelbe Lebensmittelfarbe auf Ölbasis • 1 Tube schwarze Zuckerschrift • 40 Oreo-Plätzchen • 1 Packung runde rote Weingummis

ERGIBT 20 CAKE POPS • **ZUBEREITUNGSZEIT** 1 STUNDE + RUHEZEIT • **BACKZEIT** 18–20 MINUTEN

CAKE POPS **1.** Die Cake Pops wie auf Seite 8–9 beschrieben zubereiten.

2. Die weiße Schokolade über einem Wasserbad oder in der Mikrowelle schmelzen. Die Lollistiele an einem Ende in die Schokolade tauchen, in die Teigkugeln stecken und austretende Schokolade abwischen. Etwa 10 Minuten im Kühlschrank fest werden lassen.

DEKORATION **3.** Für die Wagenräder die Oreos trennen und je ein Weingummi in die Creme drücken.

4. Die weiße Schokolade über einem Wasserbad oder in der Mikrowelle schmelzen. Pflanzenöl und so viel Lebensmittelfarbe unterrühren, bis die Masse gelb ist.

5. Einen Styroporblock zum Trocknen der Cake Pops vorbereiten (siehe S. 12).

6. Die Cake Pops einzeln in die Schokolade tauchen und vollständig damit überziehen. Die Schokolade abtropfen lassen und die Cake Pops in den Styroporblock stecken.

7. Bevor die Schokolade fest wird, auf beiden Seiten ein Oreo vorsichtig hineindrücken. Vollständig aushärten lassen. Mit schwarzer Zuckerschrift Speichen auf die Wagenräder aufmalen.

8. Die Cake Pops wieder in den Styroporblock stecken und die Zuckerschrift trocknen lassen.

WENN SIE DIESE CAKE POPS MÖGEN, VERSUCHEN SIE AUCH DIE CAKE POPS ROBOTER AUF SEITE 90.

CAKE POPS 1 Portion Schokoladenteig (in der Form gebacken; siehe S. 8–9) • 60 g dunkle Schokolade

DEKORATION 250 g dunkle Schokolade • 1 EL Pflanzenöl • je 1 Tube schwarze, rote und weiße Zuckerschrift • weiße Mini-Schokoladentropfen • Lakritzschnüre

ERGIBT 20 CAKE POPS • **ZUBEREITUNGSZEIT** 1 STUNDE + RUHEZEIT • **BACKZEIT** 18–20 MINUTEN

SCHRECK OH SCHRECK

CAKE POPS **1.** Die Cake Pops wie auf Seite 8–9 beschrieben zubereiten.

2. Die dunkle Schokolade über einem Wasserbad oder in der Mikrowelle schmelzen. Die Lollistiele an einem Ende in die Schokolade tauchen, in die Teigkugeln stecken und austretende Schokolade abwischen. Etwa 10 Minuten im Kühlschrank fest werden lassen.

DEKORATION **3.** Die dunkle Schokolade über einem Wasserbad oder in der Mikrowelle schmelzen. Das Pflanzenöl unterrühren.

4. Einen Styroporblock zum Trocknen der Cake Pops vorbereiten (siehe S. 12).

5. Die Cake Pops einzeln in die Schokolade tauchen und vollständig damit überziehen. Die Schokolade abtropfen lassen und die Cake Pops in den Styroporblock stecken. Vollständig aushärten und trocknen lassen.

6. Für die Haare die Lakritzschnüre in 3,5 cm lange Stücke schneiden. Seitlich 3–4 Löcher in die Cake Pops bohren. Ein Ende der Lakritzschnüre in geschmolzene Schokolade tauchen und in die Löcher stecken. Fest werden lassen.

7. Für die Augen die Schokoladentröpfchen auf der Rückseite mit etwas Schokolade bestreichen und zwischen die Haare setzen. Mit schwarzer Zuckerschrift Pupillen aufmalen. Dazwischen mit roter Zuckerschrift eine Nase setzen und darunter einen weißen Mund.

8. Die Cake Pops wieder in den Styroporblock stecken und die Zuckerschrift trocknen lassen.

WENN SIE DIESE CAKE POPS MÖGEN, VERSUCHEN SIE AUCH DIE CAKE POPS ZYKLOPEN AUF SEITE 18.

BELLO

CAKE POPS 1 Portion Schokoladen- oder Vanilleteig (in der Form gebacken; siehe S. 8–9) • 60 g weiße Schokolade

DEKORATION 60 g dunkle Schokolade • 250 g weiße Schokolade • 1 EL Pflanzenöl • 20 runde weiche Weingummis • 20 bunte Mini-Schokolinsen • 1 Tube schwarze Zuckerschrift

ERGIBT 20 CAKE POPS • **ZUBEREITUNGSZEIT** 1 STUNDE + RUHEZEIT • **BACKZEIT** 18–20 MINUTEN

CAKE POPS **1.** Die Cake Pops wie auf Seite 8–9 beschrieben zubereiten.

2. Die weiße Schokolade über einem Wasserbad oder in der Mikrowelle schmelzen. Die Lollistiele an einem Ende in die Schokolade tauchen, in die Teigkugeln stecken und austretende Schokolade abwischen. Etwa 10 Minuten im Kühlschrank fest werden lassen.

DEKORATION **3.** Für die Ohren einen 15 cm langen Streifen Backpapier zurechtschneiden. Die dunkle Schokolade schmelzen und in einer dünnen Schicht auf das Papier streichen. Aushärten lassen.

4. Die weiße Schokolade über einem Wasserbad oder in der Mikrowelle schmelzen. Das Pflanzenöl unterrühren.

5. Einen Styroporblock zum Trocknen der Cake Pops vorbereiten (siehe S. 12).

6. Die Cake Pops einzeln in die Schokolade tauchen und vollständig damit überziehen. Die Schokolade abtropfen lassen und die Cake Pops in den Styroporblock stecken.

7. Bevor die Schokolade fest wird, die Weingummis als Halsband auf den Lollistiel stecken und nach oben unter den Cake Pop schieben. Eine Schokolinse als Schnauze in der Mitte vorsichtig in die Schokolade drücken. Vollständig aushärten und trocknen lassen.

8. Die Ohren vom Papier abziehen. Jeweils ein Ende in Schokolade tauchen und auf beiden Seiten an den Cake Pops anbringen. Mit Zuckerschrift Augen und Maul aufmalen.

9. Die Cake Pops wieder in den Styroporblock stecken und die Zuckerschrift trocknen lassen.

● **WENN SIE DIESE CAKE POPS MÖGEN, VE… …KEN AUF SEITE 60.**

CAKE POPS 1 Portion Schokoladen- oder Vanilleteig (in der Form gebacken; siehe S. 8–9) • 60 g weiße Schokolade

DEKORATION 250 g weiße Schokolade • 1 EL Pflanzenöl • grüne Lebensmittelfarbe auf Ölbasis • 1 Packung bunte Schokolinsen

ERGIBT 20 CAKE POPS • **ZUBEREITUNGSZEIT** 45 MINUTEN + RUHEZEIT • **BACKZEIT** 18–20 MINUTEN

KONFETTIREGEN

CAKE POPS 1. Die Cake Pops wie auf Seite 8–9 beschrieben zubereiten.

2. Die weiße Schokolade über einem Wasserbad oder in der Mikrowelle schmelzen. Die Lollistiele an einem Ende in die Schokolade tauchen, in die Teigkugeln stecken und austretende Schokolade abwischen. Etwa 10 Minuten im Kühlschrank fest werden lassen.

DEKORATION 3. Die weiße Schokolade über einem Wasserbad oder in der Mikrowelle schmelzen. Pflanzenöl und so viel Lebensmittelfarbe unterrühren, bis die Masse kräftig grün ist.

4. Einen Styroporblock zum Trocknen der Cake Pops vorbereiten (siehe S. 12).

5. Die Cake Pops einzeln in die Schokolade tauchen und vollständig damit überziehen. Die Schokolade abtropfen lassen und die Cake Pops in den Styroporblock stecken.

6. Bevor die Schokolade fest wird, rasch Schokolinsen in beliebiger Anordnung vorsichtig hineindrücken.

7. Die Cake Pops wieder in den Styroporblock stecken. Vollständig aushärten und trocknen lassen.

WENN SIE DIESE CAKE POPS MÖGEN, VERSUCHEN SIE AUCH DIE CAKE POPS KUNTERBUNT AUF SEITE 42.

GEISTERS

...n Schokoladenteig wie auf
...en zerkrümeln und
...n. Die Masse
...nen. Im
...len

DEKORATION ...
der Cake Pops von...

4. Den Fondan...
große Kreise auss...
die Cake Pops legen...
streichen, dass Falten en...

5. Mit schwarzer Zuckerschrift...
und Mund aufmalen.

6. Die Cake Pops wieder in den Sty-
roporblock stecken und die Zuckerschrift trock-
nen lassen.

...CHEN SIE AUCH DIE CAKE POPS HALLOWEEN AUF SEITE ...

CAKE POPS 1 Portion Schokoladen- oder Vanilleteig (in der Form gebacken; siehe S. 8–9) • 60 g weiße Schokolade

DEKORATION 250 g weiße Schokolade • 1 EL Pflanzenöl • blaue Lebensmittelfarbe auf Ölbasis • silberne oder blaumetallic Zuckerperlen • 1 Packung Lakritzkonfekt • 1 Packung weiße Marshmallows • 1 Packung weiße Zuckerstangen • 1 Packung bunte Mini-Schokolinsen

ERGIBT 20 CAKE POPS • **ZUBEREITUNGSZEIT** 1 STUNDE + RUHEZEIT • **BACKZEIT** 18–20 MINUTEN

ROBOTER

CAKE POPS **1.** Die Cake Pops wie auf Seite 8–9 beschrieben zubereiten.

2. Die weiße Schokolade über einem Wasserbad oder in der Mikrowelle schmelzen. Die Lollistiele an einem Ende in die Schokolade tauchen, in die Teigkugeln stecken und austretende Schokolade abwischen. 10 Minuten im Kühlschrank fest werden lassen.

DEKORATION **3.** Die weiße Schokolade über einem Wasserbad oder in der Mikrowelle schmelzen. Pflanzenöl und so viel Lebensmittelfarbe unterrühren, bis die Masse kräftig blau ist.

4. Einen Styroporblock zum Trocknen der Cake Pops vorbereiten (siehe S. 12).

5. Die Cake Pops einzeln in die Schokolade tauchen und vollständig damit überziehen. Die Schokolade abtropfen lassen und die Cake Pops in den Styroporblock stecken.

6. Oben ein Lakritzkonfekt als Kopf hineindrücken. 9 Zuckerperlen darunter anbringen. Die Cake Pops wieder in den Styroporblock stecken. Vollständig trocknen lassen.

7. Die Marshmallows auf die Lollistiele stecken und an die Cake Pops schieben. Die Zuckerstangen an einem Ende in die restliche Schokolade tauchen und in die Cake Pops stecken. 2 Schokolinsen mit etwas Schokolade auf dem Lakritzkonfekt fixieren.

8. Die Cake Pops wieder in den Styroporblock stecken. Die Lollistiele an einem Ende in die Schokolade tauchen, in die Teigkugeln stecken und austretende Schokolade abwischen. Etwa 10 Minuten im Kühlschrank fest werden lassen.

• **WENN SIE DIESE CAKE POPS MÖGEN, VERSUCHEN SIE AUCH DIE CAKE POPS BELLO AUF SEITE 84.**

CAKE POPS 1 Portion Schokoladen- oder Vanilleteig (in der Form gebacken; siehe S. 8–9) • 60 g weiße Schokolade

DEKORATION 1 Packung weiße Zuckerstangen • 250 g weiße Schokolade • 1 EL Pflanzenöl • rote Lebensmittelfarbe auf Ölbasis • je 1 Tube schwarze und weiße Zuckerschrift

ERGIBT 20 CAKE POPS • **ZUBEREITUNGSZEIT** 1 STUNDE + RUHEZEIT • **BACKZEIT** 18–20 MINUTEN

BOOM!

CAKE POPS 1. Die Cake Pops wie auf Seite 8–9 beschrieben zubereiten.

2. Die weiße Schokolade über einem Wasserbad oder in der Mikrowelle schmelzen. Die Lollistiele an einem Ende in die Schokolade tauchen, in die Teigkugeln stecken und austretende Schokolade abwischen. Etwa 10 Minuten im Kühlschrank fest werden lassen.

DEKORATION 3. Für die Zündschnüre die Zuckerstangen in kurze Stücke teilen. Jeweils ein Ende mit schwarzer Zuckerschrift ausmalen.

4. Die weiße Schokolade über einem Wasserbad oder in der Mikrowelle schmelzen. Pflanzenöl und so viel Lebensmittelfarbe unterrühren, bis die Masse kräftig rot ist.

5. Einen Styroporblock zum Trocknen der Cake Pops vorbereiten (siehe S. 12).

6. Die Cake Pops einzeln in die Schokolade tauchen und vollständig damit überziehen. Die Schokolade abtropfen lassen und die Cake Pops in den Styroporblock stecken.

7. Bevor die Schokolade fest wird, rasch das unbemalte Ende der Zuckerstange als Zündschnur vorsichtig leicht schräg in die Cake Pops stecken. Die Cake Pops wieder in den Styroporblock stecken. Vollständig aushärten und trocknen lassen.

8. Mit weißer Zuckerschrift TNT in die Mitte der Cake Pops schreiben.

9. Die Cake Pops wieder in den Styroporblock stecken und die Zuckerschrift trocknen lassen.

WENN SIE DIESE CAKE POPS MÖGEN, VERSUCHEN SIE AUCH DIE CAKE POPS ROTE FLITZER AUF SEITE 70.

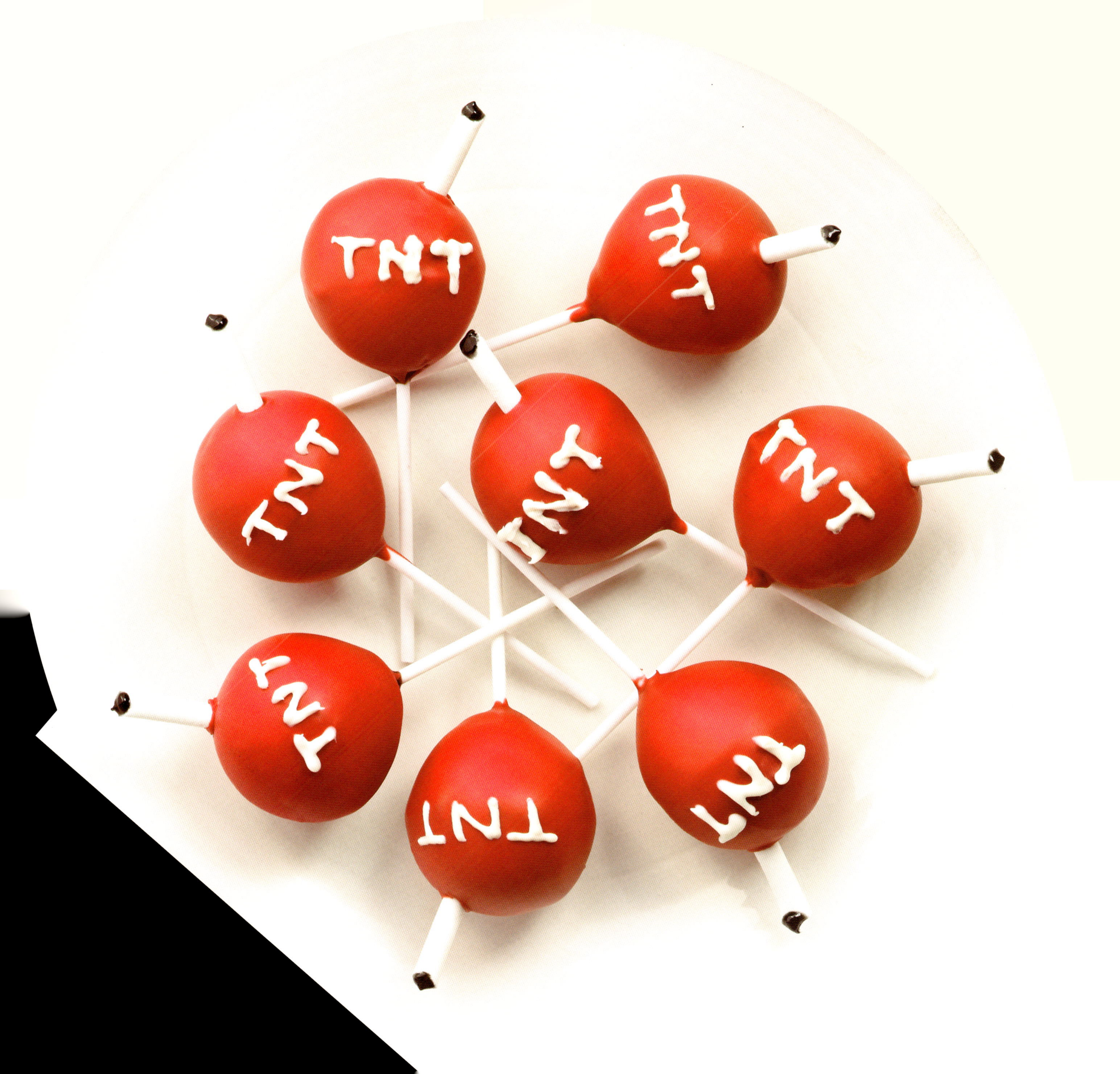
TNT
TNT
TNT
TNT
TNT
TNT
TNT
TNT

CAKE POPS 1 Portion Schokoladen- oder Vanilleteig (in der Form gebacken; siehe S. 8–9) • 60 g weiße Schokolade

DEKORATION 300 g weiße Schokolade • 1 EL Pflanzenöl • grüne Lebensmittelfarbe auf Ölbasis • 1 Packung Zuckerperlen-Kränze (möglichst mit weißer Schokolade) • 1 Packung bunte Mini-Schokolinsen • 1 Tube weiße Zucker- oder Schokoladenschrift

ERGIBT 20 CAKE POPS • **ZUBEREITUNGSZEIT** 1 STUNDE + RUHEZEIT • **BACKZEIT** 18–20 MINUTEN

UFOS

CAKE POPS 1. Die Cake Pops wie auf Seite 8–9 beschrieben zubereiten.
2. Die weiße Schokolade über einem Wasserbad oder in der Mikrowelle schmelzen. Die Lollistiele an einem Ende in die Schokolade tauchen, in die Teigkugeln stecken und austretende Schokolade abwischen. Etwa 10 Minuten im Kühlschrank fest werden lassen.

DEKORATION 3. Die weiße Schokolade über einem Wasserbad oder in der Mikrowelle schmelzen. Pflanzenöl und so viel Lebensmittelfarbe unterrühren, bis die Masse kräftig grün ist.
4. Einen Styroporblock zum Trocknen der Cake Pops vorbereiten (siehe S. 12).
5. Die Cake Pops einzeln in die Schokolade tauchen und vollständig damit überziehen. Die Schokolade abtropfen lassen und die Cake Pops in den Styroporblock stecken. Vollständig aushärten und trocknen lassen.
6. Die Cake Pops quer halbieren. Jeweils etwas Schokolade auf den unteren Hälften verstreichen und einen Zuckerperlen-Kranz mit der bunten Seite nach unten darauflegen. Die Oberseite ebenfalls mit Schokolade bestreichen und die andere Hälfte der Cake Pops daraufsetzen.
7. Rundum Schokolinsen auf dem Kranz anbringen. Mit weißer Zucker- oder Schokoladenschrift Fenster aufmalen.
8. Die Cake Pops wieder in den Styroporblock stecken und die Zucker- oder Schokoladenschrift trocknen lassen.

WENN SIE DIESE CAKE POPS MÖGEN, VERSUCHEN SIE AUCH DIE CAKE POPS BOOM! AUF SEITE 92.

CAKE POPS 1 Portion Vanilleteig mit Vanille-Buttercreme (Krümelmethode; siehe S. 10–11) • 90 g weiße Schokolade

DEKORATION 500 g weiße Schokolade • 2 EL Pflanzenöl • blaue, rote und violette Lebensmittelfarbe auf Ölbasis • Cellophan, in 15 cm x 20 cm großen Stücken

ERGIBT 50 CAKE POPS • **ZUBEREITUNGSZEIT** 1½ STUNDEN + RUHEZEIT • **BACKZEIT** 50–60 MINUTEN

KLEINE GESCHENKE

CAKE POPS 1. Den Vanilleteig wie auf Seite 10–11 beschrieben zerkrümeln und mit der Buttercreme binden. Die Masse zu walnussgroßen Kugeln formen. 30 Minuten im Kühlschrank fest werden lassen.

2. Die weiße Schokolade über einem Wasserbad oder in der Mikrowelle schmelzen. Die Lollistiele an einem Ende in die Schokolade tauchen, in die …gkugeln stecken und austretende Schoko-… abwischen. Etwa 10 Minuten im Kühlschrank …erden lassen.

…RATION 3. Die weiße Schokolade …inem Wasserbad oder in der …welle schmelzen. Das Pflan-…öl unterrühren. Die …Schokolade gleichmäßig auf drei Schalen verteilen und mit der Lebensmittelfarbe rot, blau bzw. violett einfärben.

4. Einen Styroporblock zum Trocknen der Cake Pops vorbereiten (siehe S. 12).

5. Je ein Drittel der Cake Pops einzeln in die rote, blaue bzw. violette Schokolade tauchen und vollständig damit überziehen. Die Schokolade abtropfen lassen und die Cake Pops in den Styroporblock stecken. Vollständig aushärten und trocknen lassen.

6. Die Cake Pops vorsichtig in die Folien einschlagen und diese am Stiel zusammendrehen.

• **WENN SIE DIESE CAKE POPS MÖGEN, VERSUCHEN SIE AUCH DIE CAKE POPS SÜSSER FRATZ AUF SEITE 34.**

CAKE POPS 1 Portion Schokoladen- oder Vanilleteig (in der Form gebacken; siehe S. 8–9) • 60 g weiße Schokolade

DEKORATION 250 g weiße Schokolade • 1 EL Pflanzenöl • rote Weingummistangen, in 1 cm großen Stücken • 1 Packung Eiswaffeln, in kleinen Dreiecken • 1 Packung bunte Mini-Schokolinsen • 1 Packung kleine Weingummi-Himbeeren • 1 Packung Jelly Beans, halbiert • 1 Tube schwarze Zuckerschrift • 1 Packung Streudekor in Herzform

ERGIBT 20 CAKE POPS • **ZUBEREITUNGSZEIT** 1 STUNDE + RUHEZEIT • **BACKZEIT** 18–20 MINUTEN

ZIRKUSCLOWN

CAKE POPS 1. Die Cake Pops wie auf Seite 8–9 beschrieben zubereiten.

2. Die weiße Schokolade über einem Wasserbad oder in der Mikrowelle schmelzen. Die Lollistiele an einem Ende in die Schokolade tauchen, in die Teigkugeln stecken und austretende Schokolade abwischen. Etwa 10 Minuten im Kühlschrank fest werden lassen.

DEKORATION 3. Die Schokolade über einem Wasserbad oder in der Mikrowelle schmelzen.

4. Einen Styroporblock zum Trocknen der Cake Pops vorbereiten (siehe S. 12).

5. Die Cake Pops in die Schokolade tauchen und vollständig damit überziehen. Abtropfen lassen und die Cake Pops in den Styroporblock stecken.

6. Bevor die Schokolade fest wird, die Weingummistangen auf die Lollistiele stecken und nach oben unter die Cake Pops schieben. Die Waffeldreiecke als Hut oben vorsichtig in die Schokolade stecken. Die Schokolinsen mit Schokolade betupfen und an der Hutspitze anbringen. Die Weingummi-Himbeeren seitlich vorsichtig in die Schokolade drücken. Die Jelly Beans als Nase in die Mitte und darüber zwei Zuckerherzchen als Augen anbringen. Die Cake Pops wieder in den Styroporblock stecken. Vollständig aushärten und trocknen lassen.

7. Mit schwarzer Zuckerschrift einen Mund aufmalen. Die Cake Pops wieder in den Styroporblock stecken und die Zuckerschrift trocknen lassen.

WENN SIE DIESE CAKE POPS MÖGEN, VERSUCHEN SIE AUCH DIE CAKE POPS HANDKARREN AUF SEITE 80.

CAKE POPS 1 Portion Schokoladenteig (in der Form gebacken; siehe S. 8–9) • 60 g dunkle Schokolade
DEKORATION 1 Portion Schokoladen-Buttercreme (siehe S. 10–11) • 40 große dunkle Schokoladenplättchen • 20 braune Schokolinsen • 20 blaue Mini-Schokolinsen • 1 Tube weiße Schokoladenschrift

ERGIBT 20 CAKE POPS • **ZUBEREITUNGSZEIT** 1 STUNDE + RUHEZEIT • **BACKZEIT** 18–20 MINUTEN

AFFENTANZ

CAKE POPS 1. Die Cake Pops wie auf Seite 8–9 beschrieben zubereiten.

2. Die dunkle Schokolade über einem Wasserbad oder in der Mikrowelle schmelzen. Die Lollistiele an einem Ende in die Schokolade tauchen, in die Teigkugeln stecken und austretende Schokolade abwischen. Etwa 10 Minuten im Kühlschrank fest werden lassen.

DEKORATION 3. Schokolinsen und Schokoplättchen in drei Schalen füllen.

4. Einen Styroporblock zum Trocknen der Cake Pops vorbereiten (siehe S. 12).

5. Die Buttercreme in einen Spritzbeutel mit kleiner Sterntülle füllen und von unten beginnend die Cake Pops mit kleinen Rosetten bedecken, um ein flauschiges Fell anzudeuten.

6. Je eine braune Schokolinse als Schnauze mittig und darüber zwei blaue Mini-Schokolinsen als Augen vorsichtig in die Creme drücken. Die Schokoplättchen auf ein Drittel kürzen und seitlich als Ohren in die Creme stecken. Mit weißer Schokoladenschrift einen Mund auf die Schnauze malen.

7. Die Cake Pops in den Styroporblock stecken und bis zum Servieren in den Kühlschrank stellen.

WENN SIE DIESE CAKE POPS MÖGEN, VERSUCHEN SIE AUCH DIE CAKE POPS SCHRECK OH SCHRECK AUF SEITE 82

CAKE POPS 1 Portion Schokoladen- oder Vanilleteig (in der Form gebacken; siehe S. 8–9) • 90 g weiße Schokolade

DEKORATION 350 g weiße Schokolade • 1 EL Pflanzenöl • rosa Lebensmittelfarbe auf Ölbasis • 1–2 Packungen Streudekor in Zahnform • 40 violette Schokolinsen • 20 rote Mini-Schokolinsen • je 1 Tube weiße und dunkle Schokoladenschrift

ERGIBT 20 CAKE POPS • **ZUBEREITUNGSZEIT** 1½ STUNDEN + RUHEZEIT • **BACKZEIT** 50–60 MINUTEN

OSTERHÄSCHEN

CAKE POPS 1. Die Cake Pops wie auf Seite 8–9 beschrieben zubereiten.

2. Die weiße Schokolade über einem Wasserbad oder in der Mikrowelle schmelzen. Die Lollistiele an einem Ende in die Schokolade tauchen, in die Teigkugeln stecken und austretende Schokolade abwischen. Etwa 10 Minuten im Kühlschrank fest werden lassen.

DEKORATION 3. Einen 30 cm langen Streifen Backpapier zurechtschneiden. 60 g weiße Schokolade schmelzen. 40 Hasenohren auf das Papier streichen und fest werden lassen.

5. Die restliche weiße Schokolade über einem Wasserbad oder in der Mikrowelle schmelzen. Pflanzenöl und so viel Lebensmittelfarbe unterrühren, bis die Masse zartrosa ist.

6. Einen Styroporblock zum Trocknen der Cake Pops vorbereiten (siehe S. 12).

7. Die Cake Pops einzeln in die Schokolade tauchen und vollständig damit überziehen. Die Schokolade abtropfen lassen und die Cake Pops in den Styroporblock stecken.

8. Bevor die Schokolade fest wird, die größeren Schokolinsen als Augen, die kleinen Schokolinsen als Nase und das Streudekor als Zähne vorsichtig hineindrücken. Vollständig aushärten und trocknen lassen.

9. Die Ohren mit dem schmaleren Ende in die restliche Schokolade tauchen und über den Augen an den Cake Pops fixieren.

10. Mit der weißen Schokoladenschrift Pupillen und mit der dunklen Schrift Barthaare aufmalen.

WENN SIE DIESE CAKE POPS MÖGEN, VERSUCHEN SIE AUCH DIE CAKE POPS LIEBESPERLEN AUF SEITE 62.

CAKE POPS 1 Portion Schokoladen- oder Vanilleteig (in der Form gebacken; siehe S. 8–9) • 60 g weiße Schokolade

DEKORATION 350 g weiße Schokolade • 1 EL Pflanzenöl • rote Lebensmittelfarbe auf Ölbasis • weiße Mini-Schokodrops • kleine Süßigkeiten in Herzform • Lakritzbänder, in 1-cm-Stücke geschnitten • je 1 Tube rote und schwarze Zuckerschrift

ERGIBT 20 CAKE POPS • **ZUBEREITUNGSZEIT** 1 STUNDE + RUHEZEIT • **BACKZEIT** 18–20 MINUTEN

PIRATEN AHOI!

CAKE POPS 1. Die Cake Pops wie auf Seite 8–9 beschrieben zubereiten.

2. Die weiße Schokolade über einem Wasserbad oder in der Mikrowelle schmelzen. Die Lollistiele an einem Ende in die Schokolade tauchen, in die Teigkugeln stecken und austretende Schokolade abwischen. 10 Minuten im Kühlschrank fest werden lassen.

DEKORATION 3. Die Schokolade über einem Wasserbad oder in der Mikrowelle schmelzen und das Pflanzenöl unterrühren. Ein Viertel der Schokolade in eine kleine Schüssel geben und so viel Farbe einrühren, bis die Masse kräftig rot ist.

4. Einen Styroporblock zum Trocknen der Cake Pops vorbereiten (siehe S. 12).

5. Die Cake Pops einzeln in die Schokolade tauchen und vollständig damit überziehen. Die Schokolade abtropfen lassen und die Cake Pops in den Styroporblock stecken.

6. Für die Piratentücher den oberen Teil der Cake Pops in die rote Schokoladenmischung tauchen. Die weißen Mini-Schokodrops als Punkte und ein Herzchen als Knoten an der Seite hineindrücken. Mit etwas roter Schokolade das Lakritzband am Stiel festkleben. So lange festhalten, bis die Schokolade fest ist.

7. Mit der roten und schwarzen Zuckerschrift die Gesichter aufmalen. Dabei einen Punkt und einen Strich mit Schwarz als Augen und mit Rot einen Lachmund aufmalen.

• **WENN SIE DIESE CAKE POPS MÖGEN, VERSUCHEN SIE AUCH DIE CAKE POPS HAPPY BIRTHDAY! AUF SEITE 14.**

CAKE POPS 1 Portion Schokoladen- oder Vanilleteig (in der Form gebacken; siehe S. 8–9) • 60 g weiße Schokolade

DEKORATION 250 g weiße Schokolade • 1 EL Pflanzenöl • gelbe Lebensmittelfarbe auf Ölbasis • 1 Tütchen Mandelblättchen • Lakritzbänder • 1 Tube dunkle Schokoladenschrift

ERGIBT 20 CAKE POPS • **ZUBEREITUNGSZEIT** 45 MINUTEN + RUHEZEIT • **BACKZEIT** 18–20 MINUTEN

SUMM, SUMM, SUMM

CAKE POPS 1. Die Cake Pops wie auf Seite 8–9 beschrieben zubereiten.

2. Die weiße Schokolade über einem Wasserbad oder in der Mikrowelle schmelzen. Die Lollistiele an einem Ende in die Schokolade tauchen, in die Teigkugeln stecken und austretende Schokolade abwischen. 10 Minuten im Kühlschrank fest werden lassen.

DEKORATION 3. Die weiße Schokolade über einem Wasserbad oder in der Mikrowelle schmelzen. Das Pflanzenöl unterrühren und so viel gelbe Lebensmittelfarbe einrühren, bis die Masse kräftig gelb ist.

4. Einen Styroporblock zum Trocknen der Cake Pops vorbereiten (siehe S. 12).

5. Die Cake Pops einzeln in die Schokolade tauchen und vollständig damit überziehen. Die Schokolade abtropfen lassen und die Cake Pops in den Styroporblock stecken.

6. Bevor die Schokolade fest wird, Mandelblättchen als Flügel an den Seiten der Kugeln anbringen und die kurzen Lakritzbandstücke als Fühler hineindrücken. Vollständig aushärten und trocknen lassen.

7. Mit der dunklen Schokoladenschrift Augen und Lachmünder aufmalen.

WENN SIE DIESE CAKE POPS MÖGEN, VERSUCHEN SIE AUCH DIE CAKE POPS SCHMETTERLINGE AUF SEITE 54.

CAKE POPS 1 Portion Schokoladen- oder Vanilleteig (in der Form gebacken; siehe S. 8–9) • 60 g weiße Schokolade

DEKORATION 250 g weiße Schokolade • 1 EL Pflanzenöl • pink und violette Lebensmittelfarbe auf Ölbasis • pink und violetter Glitzerzucker

ERGIBT 20 CAKE POPS • **ZUBEREITUNGSZEIT** 45 MINUTEN + RUHEZEIT • **BACKZEIT** 18–20 MINUTEN

GLITZERKUGELN

CAKE POPS **1.** Die Cake Pops wie auf Seite 8–9 beschrieben zubereiten.

2. Die weiße Schokolade über einem Wasserbad oder in der Mikrowelle schmelzen. Die Lollistiele an einem Ende in die Schokolade tauchen, in die Teigkugeln stecken und austretende Schokolade abwischen. Etwa 10 Minuten im Kühlschrank fest werden lassen.

DEKORATION **3.** Den Glitzerzucker in zwei Schalen füllen.

4. Die weiße Schokolade über einem Wasserbad oder in der Mikrowelle schmelzen. Das Pflanzenöl unterrühren. Die Hälfte der Schokolade in eine zweite Schale füllen. Die Portionen mit der Lebensmittelfarbe pink bzw. violett einfärben.

5. Einen Styroporblock zum Trocknen der Cake Pops vorbereiten (siehe S. 12).

6. Die Cake Pops einzeln in die Schokolade tauchen und vollständig damit überziehen. Die Schokolade abtropfen lassen und die Cake Pops in den Styroporblock stecken.

7. Bevor die Schokolade fest wird, die Cake Pops je nach Farbe im entsprechenden Glitzerzucker wenden.

8. Die Cake Pops wieder in den Styroporblock stecken. Vollständig aushärten und trocknen lassen.

WENN SIE DIESE CAKE POPS MÖGEN, VERSUCHEN SIE AUCH DIE CAKE POPS POPCORN-PARTY AUF SEITE 116

SEESTERNE

CAKE POPS 1 Portion Schokoladen- oder Vanilleteig (in der Form gebacken; siehe S. 8–9) • 60 g weiße Schokolade

DEKORATION 250 g weiße Schokolade • 1 EL Pflanzenöl • blaue Lebensmittelfarbe auf Ölbasis • 100 g Vollrohrzucker oder gemahlene Mandeln • 1 Packung weiße Zucker- oder Schokoladensterne

ERGIBT 20 CAKE POPS • **ZUBEREITUNGSZEIT** 1 STUNDE + RUHEZEIT • **BACKZEIT** 18–20 MINUTEN

CAKE POPS 1. Die Cake Pops wie auf Seite 8–9 beschrieben zubereiten.

2. Die weiße Schokolade über einem Wasserbad oder in der Mikrowelle schmelzen. Die Lollistiele an einem Ende in die Schokolade tauchen, in die Teigkugeln stecken und austretende Schokolade abwischen. Etwa 10 Minuten im Kühlschrank fest werden lassen.

DEKORATION 3. Die weiße Schokolade über einem Wasserbad oder in der Mikrowelle schmelzen. Pflanzenöl und so viel Lebensmittelfarbe unterrühren, bis die Masse kräftig blau ist.

4. Einen Styroporblock zum Trocknen der Cake Pops vorbereiten (siehe S. 12).

5. Die Cake Pops einzeln in die Schokolade tauchen und vollständig damit überziehen. Die Schokolade abtropfen lassen und die Cake Pops in den Styroporblock stecken.

6. Bevor die Schokolade fest wird, die Cake Pops kopfüber halten und mit dem Zucker oder den Mandeln bestreuen. Je einen Zuckerstern oben auf den Cake Pops in die Schokolade drücken.

7. Die Cake Pops wieder in den Styroporblock stecken. Vollständig aushärten und trocknen lassen.

WENN SIE DIESE CAKE POPS MÖGEN, VERSUCHEN SIE AUCH DIE CAKE POPS KLEINE PRINZESSINNEN AUF SEITE

TUTTI FRUTTI

CAKE POPS 1 Portion Schokoladen- oder Vanilleteig (in der Form gebacken; siehe S. 8–9) • 60 g weiße Schokolade

DEKORATION 250 g weiße Schokolade • 1 EL Pflanzenöl • orange Lebensmittelfarbe auf Ölbasis • 1–2 Packungen Fruchtgeleedrops

ERGIBT 20 CAKE POPS • **ZUBEREITUNGSZEIT** 1 STUNDE + RUHEZEIT • **BACKZEIT** 18–20 MINUTEN

CAKE POPS 1. Die Cake Pops wie auf Seite 8–9 beschrieben zubereiten.

2. Die weiße Schokolade über einem Wasserbad oder in der Mikrowelle schmelzen. Die Lollistiele an einem Ende in die Schokolade tauchen, in die Teigkugeln stecken und austretende Schokolade abwischen. Etwa 10 Minuten im Kühlschrank fest werden lassen.

DEKORATION 3. Die weiße Schokolade über einem Wasserbad oder in der Mikrowelle schmelzen. Pflanzenöl und so viel Lebensmittelfarbe unterrühren, bis die Masse kräftig orange ist.

4. Einen Styroporblock zum Trocknen der Cake Pops vorbereiten (siehe S. 12).

5. Die Cake Pops einzeln in die Schokolade tauchen und vollständig damit überziehen. Die Schokolade abtropfen lassen und die Cake Pops in den Styroporblock stecken.

6. Bevor die Schokolade fest wird, die Fruchtgeleedrops in beliebiger Anordnung vorsichtig hineindrücken.

7. Die Cake Pops wieder in den Styroporblock stecken. Vollständig aushärten und trocknen lassen.

WENN SIE DIESE CAKE POPS MÖGEN, VERSUCHEN SIE AUCH DIE CAKE POPS SMILE! AUF SEITE 40.

CAKE POPS 1 Portion Schokoladen- oder Vanilleteig (in der Form gebacken; siehe S. 8–9) • 60 g weiße Schokolade
DEKORATION 250 g weiße Schokolade • 1 EL Pflanzenöl • blaue Lebensmittelfarbe auf Ölbasis • je 1 Tube hellblaue und weiße Zuckerschrift
ERGIBT 20 CAKE POPS • **ZUBEREITUNGSZEIT** 45 MINUTEN + RUHEZEIT • **BACKZEIT** 18–20 MINUTEN

ES IST EIN JUNGE!

CAKE POPS 1. Die Cake Pops wie auf Seite 8–9 beschrieben zubereiten.

2. Die weiße Schokolade über einem Wasserbad oder in der Mikrowelle schmelzen. Die Lollistiele an einem Ende in die Schokolade tauchen, in die Teigkugeln stecken und austretende Schokolade abwischen. Etwa 10 Minuten im Kühlschrank fest werden lassen.

DEKORATION 3. Die weiße Schokolade über einem Wasserbad oder in der Mikrowelle schmelzen. Das Pflanzenöl unterrühren. Die Hälfte der Schokolade in eine zweite Schale füllen und so viel Lebensmittelfarbe unterrühren, bis die Masse hellblau ist.

4. Einen Styroporblock zum Trocknen der Cake Pops vorbereiten (siehe S. 12).

5. Je die Hälfte der Cake Pops einzeln in die hellblaue bzw. weiße Schokolade tauchen und vollständig damit überziehen. Die Schokolade abtropfen lassen und die Cake Pops in den Styroporblock stecken. Vollständig aushärten und trocknen.

6. Mit der hellblauen Zuckerschrift auf den weißen Cake Pops und mit der weißen Zuckerschrift auf den hellblauen Cake Pops Zickzacklinien aufmalen.

7. Die Cake Pops wieder in den Styroporblock stecken und die Zuckerschrift trocknen lassen.

WENN SIE DIESE CAKE POPS MÖGEN, VERSUCHEN SIE AUCH DIE CAKE POPS ES IST EIN MÄDCHEN AUF SEITE 24

CAKE POPS 1 Portion Schokoladen- oder Vanilleteig (in der Form gebacken; siehe S. 8–9) • 60 g weiße Schokolade

DEKORATION 250 g weiße Schokolade • 1 EL Pflanzenöl • blaue Lebensmittelfarbe auf Ölbasis • 1–2 Packungen buntes oder ungefärbtes Popcorn

ERGIBT 20 CAKE POPS • **ZUBEREITUNGSZEIT** 1 STUNDE + RUHEZEIT • **BACKZEIT** 18–20 MINUTEN

POPCORN-PARTY

CAKE POPS **1.** Die Cake Pops wie auf Seite 8–9 beschrieben zubereiten.

2. Die weiße Schokolade über einem Wasserbad oder in der Mikrowelle schmelzen. Die Lollistiele an einem Ende in die Schokolade tauchen, in die Teigkugeln stecken und austretende Schokolade abwischen. Etwa 10 Minuten im Kühlschrank fest werden lassen.

DEKORATION **3.** Die weiße Schokolade über einem Wasserbad oder in der Mikrowelle schmelzen. Pflanzenöl und so viel Lebensmittelfarbe unterrühren, bis die Masse kräftig hellblau ist.

4. Einen Styroporblock zum Trocknen der Cake Pops vorbereiten (siehe S. 12).

5. Die Cake Pops einzeln in die Schokolade tauchen und vollständig damit überziehen. Die Schokolade abtropfen lassen und die Cake Pops in den Styroporblock stecken.

6. Bevor die Schokolade fest wird, rasch die Popcornstücke in beliebiger Anordnung vorsichtig hineindrücken.

7. Die Cake Pops wieder in den Styroporblock stecken. Vollständig aushärten und trocknen lassen.

WENN SIE DIESE CAKE POPS MÖGEN, VERSUCHEN SIE AUCH DIE CAKE POPS KNUSPERSCHOKOLADE AUF SEITE 52

CAKE POPS 1 Portion Schokoladenteig und Schokoladen-Buttercreme (Krümelmethode; siehe S. 10–11) • 60 g dunkle Schokolade • 120 g Erdnusscreme mit Stückchen

DEKORATION 500 g dunkle Schokolade • 2 EL Pflanzenöl • 350 g Erdnussriegel, grob gehackt

ERGIBT 50 CAKE POPS • **ZUBEREITUNGSZEIT** 1½ STUNDEN + RUHEZEIT • **BACKZEIT** 50–60 MINUTEN

KNUSPER, KNUSPER, KNÄUSCHEN

CAKE POPS 1. Den Schokoladenteig wie auf Seite 10–11 beschrieben zerkrümeln und mit Butter- und Erdnusscreme binden. Die Masse zu gut walnussgroßen Kugeln formen. Im Kühlschrank 30 Minuten fest werden lassen.

2. Die dunkle Schokolade über einem Wasserbad oder in der Mikrowelle schmelzen. Die Lollistiele an einem Ende in die Schokolade tauchen, in die Teigkugeln stecken und austretende Schokolade abwischen. 10 Minuten im Kühlschrank fest werden lassen.

DEKORATION 3. Die dunkle Schokolade über einem Wasserbad oder in der Mikrowelle schmelzen. Das Pflanzenöl unterrühren.

4. Einen Styroporblock zum Trocknen der Cake Pops vorbereiten (siehe S. 12).

5. Die Cake Pops einzeln in die Schokolade tauchen und vollständig damit überziehen. Die Schokolade abtropfen lassen und die Cake Pops in den Styroporblock stecken.

6. Bevor die Schokolade fest wird, rasch die Erdnussriegelstücke vorsichtig auf der Oberseite der Cake Pops hineindrücken.

7. Die Cake Pops wieder in den Styroporblock stecken. Vollständig aushärten und trocknen lassen.

WENN SIE DIESE CAKE POPS MÖGEN, VERSUCHEN SIE AUCH DIE CAKE POPS FLAUSCHIG AUF SEITE 56.

CAKE POPS 1 Portion Schokoladen- oder Vanilleteig (in der Form gebacken; siehe S. 8–9) • 60 g weiße Schokolade

DEKORATION 250 g weiße Schokolade • 1 EL Pflanzenöl • gelbe Lebensmittelfarbe auf Ölbasis • 1 Tube rote Zuckerschrift

ERGIBT 20 CAKE POPS • **ZUBEREITUNGSZEIT** 45 MINUTEN + RUHEZEIT • **BACKZEIT** 18–20 MINUTEN

GLÜCKSZAHLEN

CAKE POPS **1.** Die Cake Pops wie auf Seite 8–9 beschrieben zubereiten.

2. Die weiße Schokolade über einem Wasserbad oder in der Mikrowelle schmelzen. Die Lollistiele an einem Ende in die Schokolade tauchen, in die Teigkugeln stecken und austretende Schokolade abwischen. Etwa 10 Minuten im Kühlschrank fest werden lassen.

DEKORATION **3.** Die weiße Schokolade über einem Wasserbad oder in der Mikrowelle schmelzen. Pflanzenöl und so viel Lebensmittelfarbe unterrühren, bis die Masse gelb ist.

4. Einen Styroporblock zum Trocknen der Cake Pops vorbereiten (siehe S. 12).

5. Die Cake Pops einzeln in die Schokolade tauchen und vollständig damit überziehen. Die Schokolade abtropfen lassen und die Cake Pops in den Styroporblock stecken. Vollständig aushärten und trocknen lassen.

6. Mit roter Zuckerschrift Ziffern auf die Cake Pops aufmalen.

7. Die Cake Pops wieder in den Styroporblock stecken und die Zuckerschrift trocknen lassen.

✶ *DIESE CAKE POPS SIND IDEAL FÜR EINE GEBURTSTAGSPARTY.*

WENN SIE DIESE CAKE POPS MÖGEN, VERSUCHEN SIE AUCH DIE CAKE POPS ABC AUF SEITE 48.

CAKE POPS 1 Portion Schokoladen- oder Vanilleteig (in der Form gebacken; siehe S. 8–9) • 60 g weiße Schokolade

DEKORATION 300 g weiße Schokolade • 1 EL Pflanzenöl • rosa Lebensmittelfarbe auf Ölbasis • 20 kleine frische Himbeeren • 20 pinkfarbene Satinbänder, 15 cm lang

ERGIBT 20 CAKE POPS • **ZUBEREITUNGSZEIT** 45 MINUTEN + RUHEZEIT • **BACKZEIT** 18–20 MINUTEN

PRETTY IN PINK

CAKE POPS 1. Die Cake Pops wie auf Seite 8–9 beschrieben zubereiten.

2. Die weiße Schokolade über einem Wasserbad oder in der Mikrowelle schmelzen. Die Lollistiele an einem Ende in die Schokolade tauchen, in die Teigkugeln stecken und austretende Schokolade abwischen. Etwa 10 Minuten im Kühlschrank fest werden lassen.

DEKORATION 3. Die weiße Schokolade über einem Wasserbad oder in der Mikrowelle schmelzen. Das Pflanzenöl unterrühren. Etwa 60 g Schokolade in eine Schale füllen und beiseitestellen. Die restliche Schokolade mit Lebensmittelfarbe rosa einfärben.

4. Einen Styroporblock zum Trocknen der Cake Pops vorbereiten (siehe S. 12).

5. Die Cake Pops einzeln in die Schokolade tauchen und vollständig damit überziehen. Die Schokolade abtropfen lassen und die Cake Pops in den Styroporblock stecken. Vollständig aushärten und trocknen lassen.

6. Mit einem Cocktailspieß oder einer Pinzette die Himbeeren in die zurückgestellte weiße Schokolade tauchen, bis sie vollständig überzogen sind. Abtropfen lassen und dann seitlich vorsichtig auf die Cake Pops drücken, bis sie von alleine halten.

7. Die Cake Pops wieder in den Styroporblock stecken. Vollständig aushärten und trocknen lassen. Vor dem Servieren die Satinbänder um die Stiele binden.

WENN SIE DIESE CAKE POPS MÖGEN, VERSUCHEN SIE AUCH DIE CAKE POPS MUTTERTAG AUF SEITE 44.

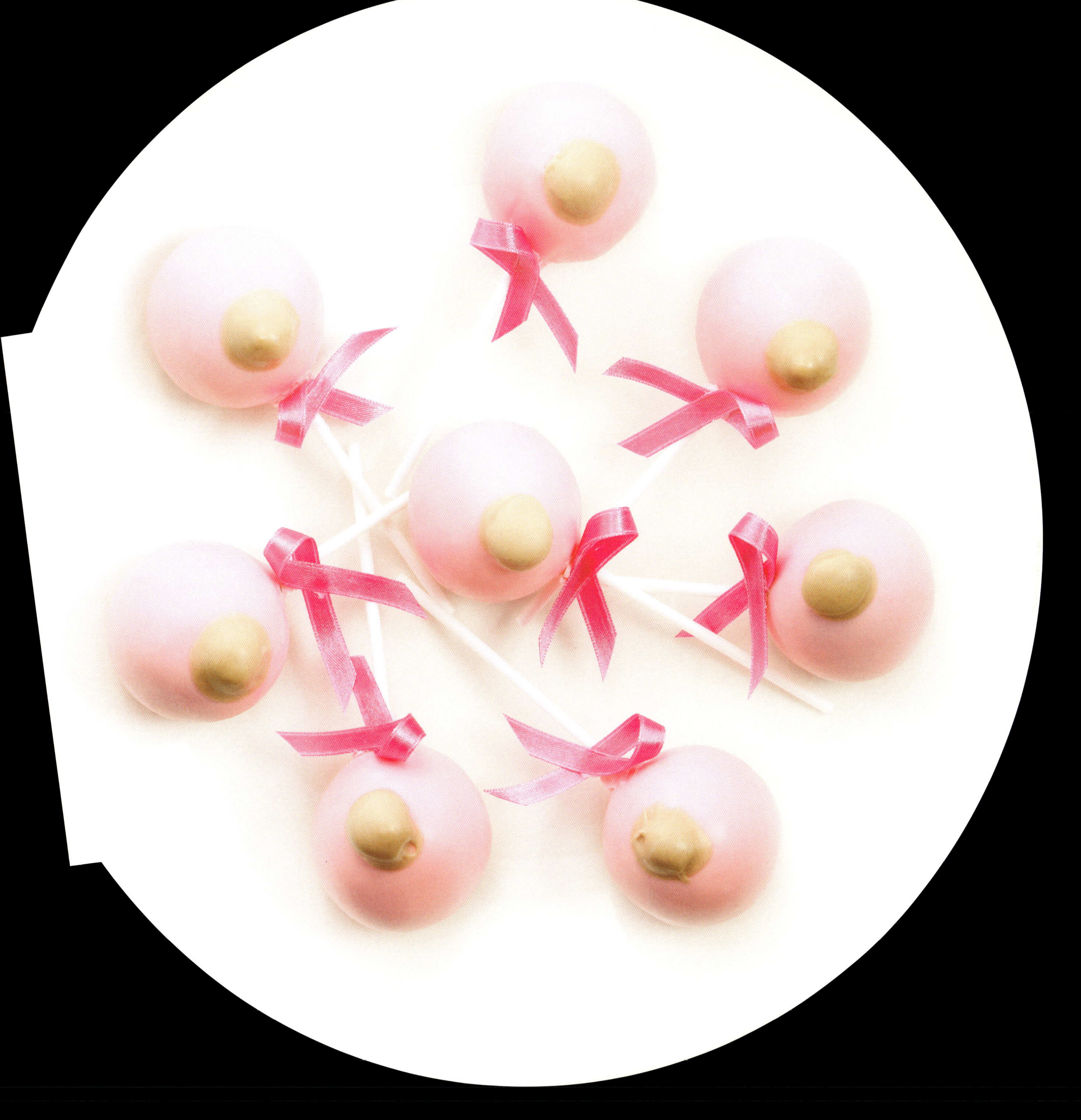

CAKE POPS 1 Portion Vanilleteig und Vanille-Buttercreme (Krümelmethode; siehe S. 10–11) • 90 ml Lemon Curd • 1 TL fein abgeriebene Schale von einer Bio-Zitrone • 90 g weiße Schokolade
DEKORATION 500 g weiße Schokolade • 2 EL Pflanzenöl • gelbe Lebensmittelfarbe auf Ölbasis • 50 Stücke kandierte Zitrone oder Zitronenfruchtgeleedrops
ERGIBT 50 CAKE POPS • **ZUBEREITUNGSZEIT** 1½ STUNDEN + RUHEZEIT • **BACKZEIT** 50–60 MINUTEN

ZITRONIG FRISCH

CAKE POPS 1. Den Vanilleteig wie auf Seite 10–11 beschrieben zerkrümeln und mit Buttercreme, Lemon Curd und Zitronenschale binden. Die Masse zu gut walnussgroßen Kugeln formen. Im Kühlschrank 30 Minuten fest werden lassen.

2. Die weiße Schokolade über einem Wasserbad oder in der Mikrowelle schmelzen. Die Lollistiele an einem Ende in die Schokolade tauchen, in die Teigkugeln stecken und austretende Schokolade abwischen. Etwa 10 Minuten im Kühlschrank fest werden lassen.

DEKORATION 3. Die weiße Schokolade über einem Wasserbad oder in der Mikrowelle schmelzen. Pflanzenöl und so viel Lebensmittelfarbe unterrühren, bis die Masse kräftig gelb ist.

4. Einen Styroporblock zum Trocknen der Cake Pops vorbereiten (siehe S. 12).

5. Die Cake Pops einzeln in die Schokolade tauchen und vollständig damit überziehen. Die Schokolade abtropfen lassen und die Cake Pops in den Styroporblock stecken.

6. Bevor die Schokolade fest wird, seitlich je ein Stück kandierte Zitrone oder ein Fruchtgeleedrop vorsichtig hineindrücken.

7. Die Cake Pops wieder in den Styroporblock stecken. Vollständig aushärten und trocknen lassen.

WENN SIE DIESE CAKE POPS MÖGEN, VER

CAKE POPS 1 Portion Vanilleteig und Vanille-Buttercreme (Krümelmethode; siehe S. 10–11) • 90 g weiße Schokolade

DEKORATION 500 g weiße Schokolade • 2 EL Pflanzenöl • gelbe, rote und blaue Lebensmittelfarbe auf Ölbasis • 50 bunte Schokolinsen • je 1 Tube gelbe, rote und blaue Zuckerschrift

ERGIBT 50 CAKE POPS • **ZUBEREITUNGSZEIT** 1½ STUNDEN + RUHEZEIT • **BACKZEIT** 50–60 MINUTEN

FLOWER POWER

CAKE POPS 1. Den Vanilleteig wie auf Seite 10–11 beschrieben zerkrümeln und mit der Buttercreme binden. Je 2 Esslöffel der Teigmasse zu Blumen formen. Im Kühlschrank 30 Minuten fest werden lassen.

2. Die weiße Schokolade über einem Wasserbad oder in der Mikrowelle schmelzen. Die Lollistiele an einem Ende in die Schokolade tauchen, in die Teigkugeln stecken und austretende Schokolade abwischen. Etwa 10 Minuten im Kühlschrank fest werden lassen.

DEKORATION 3. Die weiße Schokolade über einem Wasserbad oder in der Mikrowelle schmelzen. Das Pflanzenöl unterrühren. Die Schokolade gleichmäßig auf drei Schalen verteilen und jeweils mit Lebensmittelfarbe kräftig gelb, rot bzw. blau einfärben.

4. Einen Styroporblock zum Trocknen der Cake Pops vorbereiten (siehe S. 12).

5. Je ein Drittel der Cake Pops einzeln in die gelbe, rote bzw. blaue Schokolade tauchen und vollständig damit überziehen. Die Schokolade abtropfen lassen und die Cake Pops in den Styroporblock stecken.

6. Bevor die Schokolade fest wird, rasch die Schokolinsen vorsichtig in die Mitte der Cake Pops drücken.

7. Die Cake Pops wieder in den Styroporblock stecken. Vollständig aushärten und trocknen lassen. Mit Zuckerschrift die Konturen der Blumen nachzeichnen. Trocknen lassen.

WENN SIE DIESE CAKE POPS MÖGEN, VERSUCHEN SIE AUCH DIE CAKE POPS EDLE PERLEN AUF SEITE 36.

REGISTER